Operaciones de caja en la venta

Carlos Alberto Torres Gómez

Miguel Ángel Sánchez Maza

ic editorial

Operaciones de caja en la venta
© Carlos Alberto Torres Gómez
© Miguel Ángel Sánchez Maza

1ª Edición

© IC Editorial, 2025

Editado por: IC Editorial
c/ Cueva de Viera, 2, Local 3
Centro Negocios CADI
29200 Antequera (Málaga)
Teléfono: 952 70 60 04
Fax: 952 84 55 03
Correo electrónico: iceditorial@iceditorial.com
Internet: www.iceditorial.com

ISBN: 978-84-1184-705-6
Depósito Legal: MA 547-2025

Impresión: PODiPrint
Impreso en Andalucía – España

Nota de la editorial: IC Editorial pertenece a Innovación y Cualificación S. L.

Presentación del manual

El **Certificado de Profesionalidad** es el instrumento de acreditación, en el ámbito de la Administración laboral, de las cualificaciones profesionales del Catálogo Nacional de Cualificaciones Profesionales adquiridas a través de procesos formativos o del proceso de reconocimiento de la experiencia laboral y de vías no formales de formación.

El elemento mínimo acreditable es la **Unidad de Competencia.** La suma de las acreditaciones de las unidades de competencia conforma la acreditación de la competencia general.

Una **Unidad de Competencia** se define como una agrupación de tareas productivas específica que realiza el profesional. Las diferentes unidades de competencia de un certificado de profesionalidad conforman la **Competencia General,** definiendo el conjunto de conocimientos y capacidades que permiten el ejercicio de una actividad profesional determinada.

Cada **Unidad de Competencia** lleva asociado un **Módulo Formativo,** donde se describe la formación necesaria para adquirir esa **Unidad de Competencia,** pudiendo dividirse en **Unidades Formativas.**

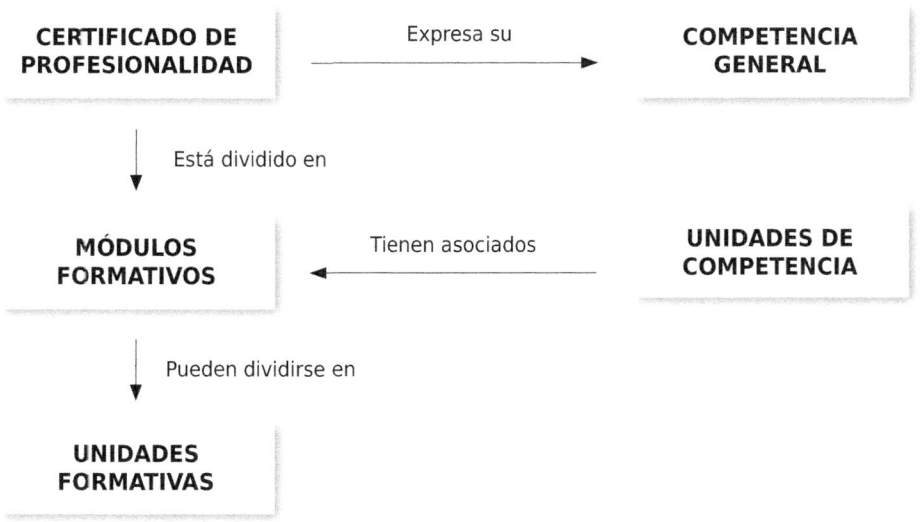

El presente manual desarrolla la Unidad Formativa **UF0035: Operaciones de caja en la venta,**

perteneciente al Módulo Formativo **MF0240_2: Operaciones auxiliares a la venta,**

asociado a la unidad de competencia **UC0240_2: Realizar las operaciones auxiliares a la venta,**

del Certificado de Profesionalidad **Actividades de venta.**

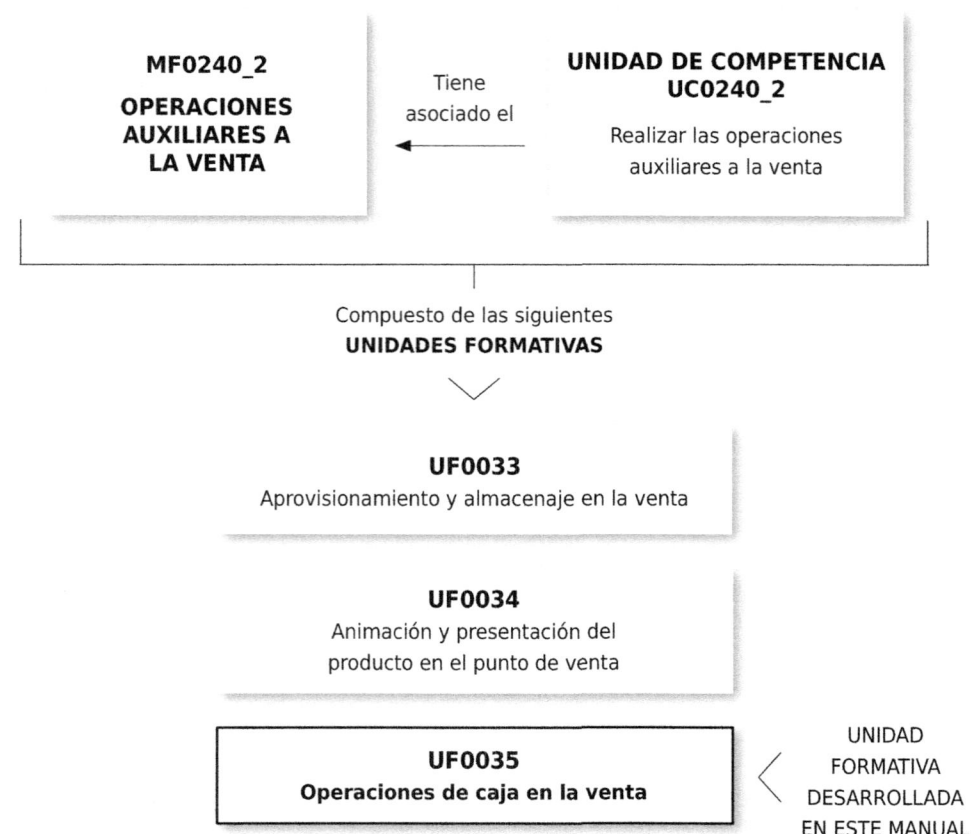

FICHA DE CERTIFICADO DE PROFESIONALIDAD

(COMV0108) ACTIVIDADES DE VENTA (R. D. 1377/2008, de 1 de agosto, modificado por el R. D. 1522/2011, de 31 de octubre)

COMPETENCIA GENERAL: Ejecutar las actividades de venta de productos y/o servicios a través de los diferentes canales de comercialización estableciendo relaciones con el cliente de la manera más satisfactoria, alcanzando los objetivos propuestos por la organización y estableciendo vínculos que propicien la fidelización del cliente.

Cualificación profesional de referencia		Unidades de competencia	Ocupaciones o puestos de trabajo relacionados
COM085_2 ACTIVIDADES DE VENTA (R. D. 295/2004, de 20 de febrero y modificaciones publicadas en el R. D. 109/2008, de 1 de febrero)	UC0239_2	Realizar la venta de productos y/o servicios a través de los diferentes canales de comercialización	• 4601.002.5 Cajero/a de comercio • 5330.001.0 Dependiente de comercio • Vendedor/a • Promotor/a comercial • Operador de contac-center • Teleoperadoras (call-center) • Televendedor/a • Operador/a de venta en comercio electrónico • Técnico de información y atención al cliente
	UC0240_2	Realizar las operaciones auxiliares a la venta	
	UC0241_2	Ejecutar las acciones del servicio de atención al cliente / consumidor / usuario	
	UC1002_2	Comunicarse en inglés con un nivel de usuario independiente, en actividades comerciales	

Correspondencia con el Catálogo Modular de Formación Profesional

Módulos certificado	Unidades formativas	Horas
MF0239_2: Operaciones de venta	UF0030: Organización de procesos de venta	60
	UF0031: Técnicas de venta	70
	UF0032: Venta online	30
MF0240_2: Operaciones auxiliares a la venta	UF0033: Aprovisionamiento y almacenaje en la venta	40
	UF0034: Animación y presentación del producto en el punto de venta	60
	UF0035: Operaciones de caja en la venta	40
MF0241_2: Información y Atención al cliente/consumidor/usuario	UF0036:Gestión de la atención al cliente/consumidor	60
	UF0037:Técnica de comunicación y atención al cliente/consumidor	60
MF1002_2: Inglés profesional para actividades comerciales		90
MP0009: Módulo de prácticas profesionales no laborales		80

Índice

Unidad de Aprendizaje 1
Caja terminal punto de venta

1. Introducción   9
2. Caja y equipos utilizados en el cobro y pago de operaciones
   de venta   10
3. Sistemas tradicionales   16
4. Elementos y características del TPV   19
5. Apertura y cierre de un TPV   25
6. Proceso de control de turnos y ventas   27
7. Escáner y lectura de la información del producto   30
8. Funciones auxiliares del TPV   34
9. Lenguajes comerciales de codificación de la mercancía.
   Transmisión electrónica de datos (sistemas EDI u otros)   35
10. Descuentos, promociones y vales en el TPV   43
11. Utilización del TPV (Terminal Punto de Venta)   45
12. Resumen   53
Ejercicios de autoevaluación   57

Unidad de Aprendizaje 2
Procedimientos de cobro y pago en las operaciones de venta

1. Introducción   63
2. Caracterización de los sistemas y medios de cobro y pago   63
3. Los justificantes de pago   88
4. Diferencias entre factura y recibo   92
5. Devoluciones virtuales   100
6. Registro de operaciones de cobro y pago   108
7. Arqueo de caja   112
8. Recomendaciones de seguridad e higiene postural en el TPV   115
9. Resumen   122
Ejercicios de autoevaluación   125

Glosario   129

Bibliografía   137

OBJETIVOS GENERALES

El Objetivo General del **MF0240_2: Operaciones de caja en venta,** en el que queda integrada la **UF0035: Organización de procesos de venta** es:

➲ Realizar las operaciones auxiliares a la venta.

El Objetivo General de la **UF0035: Operaciones de caja en la venta** es:

➲ Realizar las operaciones de cobro en la venta de productos y/o servicios manejando adecuadamente los equipos disponibles y asegurando su fiabilidad y exactitud.

Caja terminal punto de venta

Contenido

1. Introducción
2. Conceptos básicos de la organización y distribución de espacios comerciales: la implantación de productos
3. Criterios de implantación del producto
4. Comportamiento del cliente en el punto de venta
5. Espacio comercial
6. Gestión del lineal
7. Distribución de familias de artículos en el lineal
8. Orden y limpieza en el punto de venta
9. Normas de seguridad e higiene en el punto de venta
10. Resumen

Objetivo

Los objetivos específicos de esta Unidad de Aprendizaje son:

→ Aplicar los procedimientos de registro y cobro de las operaciones de venta manejando los equipos y técnicas adecuadas.

→ Diferenciar las características de distintos sistemas y medios de pago en distintos tipos de operaciones de ventas.

1. Introducción

La evolución tecnológica experimentada durante los últimos años en el sector *retail* (venta al detalle) ha generado multitud de **herramientas de apoyo a los gestores de los comercios;** sin embargo, una de las que mayor número de posibilidades nos ha abierto es el llamado **Terminal Punto de Venta o TPV.**

Este equipo no solamente permite un mayor control de las operaciones de venta, sino que mejora, además, la eficiencia del trabajo de cualquier negocio, permitiendo así una optimización de los recursos. Asimismo, durante la última década ha habido una fuerte evolución tanto en los terminales de punto de venta como en los periféricos que estos incorporan. Todos estos accesorios han sufrido una profunda transformación, no solo para **comodidad del comerciante,** sino también para aportar **agilidad y confianza a la figura del cliente.**

De esta forma, más allá del uso de un sistema TPV u otro es necesario diferenciar las clases de terminales según el medio mediante el cual se produce la operación (**compra, venta, descuentos, promociones,** etc.), es decir, físicamente en la tienda, mediante una página web o en cualquier otro lugar, utilizando un teléfono móvil como terminal.

A lo largo de la unidad trataremos, entre otros aspectos, las funciones y características de los actuales terminales de punto de venta, así como la realización de operaciones de cobro y pago más habituales en los comercios. Para ello, tomaremos como referencia una de las delegaciones del **grupo empresarial LIMPISA, S. L.,** dedicado a la comercialización y fabricación de maquinaria y productos de limpieza.

2. Caja y equipos utilizados en el cobro y pago de operaciones de venta

👉 **HILO CONDUCTOR**

La semana pasada un comercial de una empresa fabricante de TPV visitó la sede de LIMPISA en Tordesillas con el objetivo de venderle nuevos terminales de punto de venta a la empresa. Tras dos horas de reunión con el gerente, este le comentó que estaba muy interesado en el producto que ofrecía, emplazándole a una nueva visita a finales de semana.

Con el tiempo, las cajas registradoras han ido dejando paso a los **Terminales en el Punto de Venta o TPV,** debido principalmente a la mayor funcionalidad y facilidad para realizar las operaciones de cobro y pago que ofrecen estos equipos.

Desde un punto de vista conceptual, una **caja registradora** es un aparato mecánico o electrónico que permite calcular y registrar operaciones comerciales, además de incluir un cajón para guardar el dinero.

Por su parte, el **Terminal en el Punto de Venta** es un medio de cobro que permite a los establecimientos aceptar el pago de sus clientes sin dinero en efectivo, es decir, los clientes efectúan el pago mediante una tarjeta de crédito o de débito garantizada por una entidad financiera.

Dentro del ámbito comercial podemos diferenciar dos alternativas en lo que a tipos de TPV se refiere: **modular** o **compacto.**

Compacto	Modular

Es el equipo más moderno, que incluye todos los elementos necesarios en el terminal en un único aparato. Normalmente, lleva integrada una pantalla táctil, aunque permite la conexión de otros interfaces de usuario y periféricos como teclados, cajón portamonedas, etc.	Se trata de un equipo basado en un ordenador convencional con un *software* instalado sobre un sistema operativo estándar. Todos los dispositivos del TPV se conectan a una CPU a través de sus cables e interfaces. Presenta una gran versatilidad, ya que se puede emplear para diversos tipos de negocios en función del *software* que se haya instalado en el terminal.

NOTA

Los TPV compactos suelen sufrir menos averías ocasionadas por la desconexión de los cables que los TPV modulares.

2.1. Funcionamiento

El funcionamiento de los TPV es semejante al de las cajas registradoras, dado que el fin es el mismo: **optimizar las transacciones de cobro y pago en el comercio.** Así pues, en la operación de cobro por parte del personal de caja, los pasos básicos son:

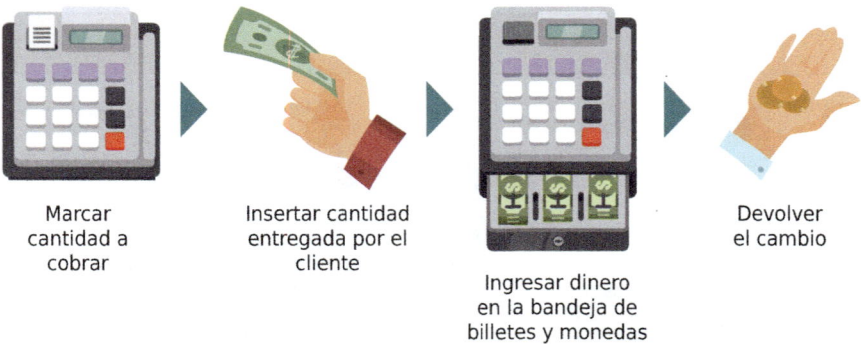

| Marcar cantidad a cobrar | Insertar cantidad entregada por el cliente | Ingresar dinero en la bandeja de billetes y monedas | Devolver el cambio |

Por otra parte, la funcionalidad de un TPV comprende, entre otras, tareas de cobro con tarjeta, lector con escáner del código para ver el precio y la referencia del artículo, etc.

En este sentido, es necesario señalar que podemos hablar de punto de venta cuando realizamos una **transacción comercial de compraventa,** ya sea con pago en efectivo o con tarjeta de crédito/débito en los TPV; sin embargo, el TPV o Terminal de Punto de Venta es una actividad que incluye una serie de **elementos mínimos:**

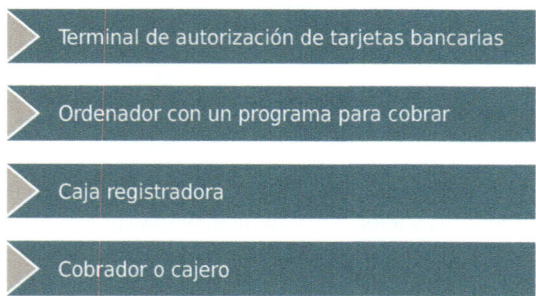

> Terminal de autorización de tarjetas bancarias

> Ordenador con un programa para cobrar

> Caja registradora

> Cobrador o cajero

 **DEFINICIÓN**

Punto de venta
Conjunto de accesorios y programas para ordenador que funcionan mediante aplicaciones que permiten imprimir un *ticket* o factura, comprobar la realización de una venta, emitir informaciones relacionadas con la venta y llevar el control de inventarios y operaciones comerciales determinadas.

Facturas y funciones complementarias

Tanto las cajas registradoras electrónicas como otros sistemas informáticos permiten obtener de manera simultánea el **registro de las ventas** y el *ticket* o **factura para el cliente,** facilitando así la gestión del proceso de compra.

Registro de las ventas	*Ticket* o factura para el cliente
- Cuando registra la venta, una caja electrónica contabiliza la entrada de dinero que se produce en la empresa, así como los artículos vendidos.	- El propietario de estos aparatos debe adaptar las posibilidades ofertadas a las necesidades de su empresa, ya que proporcionan de forma inmediata el estado de las ventas por horas, productos a reaprovisionar, inventarios, etc.

Asimismo, estos equipos pueden presentar **funciones complementarias que facilitan la gestión del negocio,** dando respuesta en el menor tiempo posible:

- ➲ **Llamada de precio directo:** en este caso, cada tecla totalizadora corresponde a un artículo, de forma que el operario de caja solamente tiene que pulsar sobre el botón correspondiente para contabilizar la venta.
- ➲ **Llamada de precio mediante código:** este método permite guardar en memoria precios de artículos a los que se les atribuye un código, siendo este sistema complementario del anterior.
- ➲ **Lectores ópticos:** por ejemplo, la caja de un supermercado sobre la que pasan los artículos, de forma que el lector escanea el código de barras del artículo, introduciendo el precio del mismo automáticamente.
- ➲ **Interconexión de cajas registradoras:** las cajas o puestos periféricos están relegados a una caja que centraliza todos los resultados. Este sistema es utilizado cuando la disposición de los puntos de venta está dispersa en el mismo local.

Si bien existen diferentes formatos para una factura, todos están obligados a contener una **información mínima** para que la misma sea válida. En caso de que algún dato no aparezca o resulte erróneo, el cliente deberá solicitar un duplicado de la factura para enmendarla.

La expedición de *tickets* o facturas debe ser obligatoriamente efectuada y entregada al cliente sea cual sea el precio a pagar; de esta forma, una factura o *ticket* debe recoger las siguientes indicaciones:

Elementos básicos de una factura

Teniendo en cuenta que una factura es un documento mercantil en el que se incluye la información fiscal relativa a la **prestación de un servicio** o la **venta de un producto,** esta debe contener los siguientes elementos:

- Número y serie.
- Fecha de expedición de la factura.
- Datos identificativos del emisor y el receptor (nombre, domicilio, NIF).
- Descripción de las operaciones.
- Tipo/s impositivo/s aplicados a las operaciones.
- Cuota tributaria.

2.2. Características

Las cajas registradoras convencionales permiten únicamente registrar los precios que introduce el dependiente cada vez que marca; sin embargo, hay cajas registradoras con monitores digitales e, incluso, táctiles en los que aparecen todas las referencias de los productos y las acciones a realizar (cobro, devolución, cambio, etc.).

A continuación, se describen brevemente las **partes de las que se compone una caja registradora:**

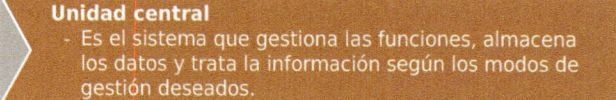

Continúa en página siguiente >>

<< Viene de página anterior

Teclado
- Está compuesto por teclas de totalización para registrar las ventas por familias de productos, teclas de función para los tipos de pago, etc.

Visor operador
- Para asegurar la exactitud de los registros, ya que a medida que se van introduciendo los datos se ve en pantalla si se ha producido algún error.

Impresora de *tickets*
- Imprime simultáneamente un ticket para el cliente y la cinta de control diaria, en la que se registran las operaciones realizadas durante el día.

Impresora de facturas
- Imprime facturas para el cliente.

 **VÍDEO**

Observa en el siguiente vídeo las funciones y características de un modelo de caja registradora:

https://redirectoronline.com/uf00350103

En lo que a un **Terminal Punto de Venta se refiere,** los elementos que habitualmente componen este tipo de equipos son los siguientes:

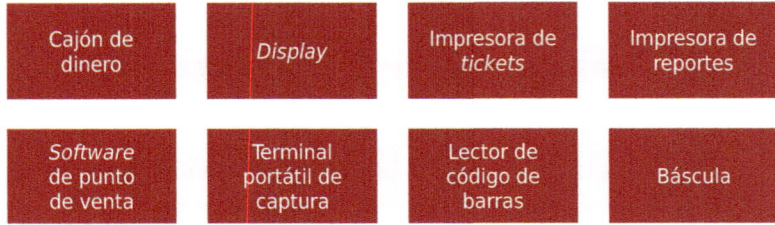

| Cajón de dinero | *Display* | Impresora de *tickets* | Impresora de reportes |
| *Software* de punto de venta | Terminal portátil de captura | Lector de código de barras | Báscula |

3. Sistemas tradicionales

☞ HILO CONDUCTOR

El gerente de la delegación de LIMPISA, S. L. en Tordesillas ha decidido cambiar las cajas registradoras usadas hasta ahora en el punto de venta por unos nuevos terminales; sin embargo, al Sr. Olmedo, uno de los responsables de caja, no le ha agradado mucho la decisión tomada por el gerente, llegando incluso a negarse a trabajar si no es con su caja registradora de toda la vida.

En la actualidad, la importancia de los **TPV** para el comercio es máxima, ya que **facilitan el orden y control de la gestión en el día a día.**

Estos dispositivos ofrecen gran cantidad de **ventajas,** entre las que se encuentran las siguientes:

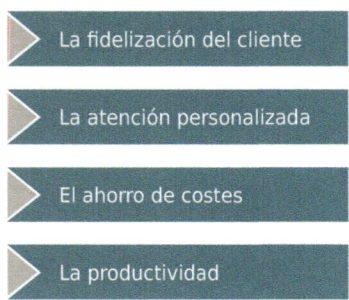

La fidelización del cliente

La atención personalizada

El ahorro de costes

La productividad

Sin embargo, no todos los propietarios de un comercio están convencidos de adoptar esta tecnología, de ahí que **algunos mantengan todavía su preferencia en el empleo de las antiguas** cajas registradoras o las calculadoras.

En este sentido, desde los primeros modelos hasta las versiones actuales, las cajas registradoras y los datáfonos han sufrido diferentes variaciones y modificaciones que han contribuido a alcanzar una serie de aplicaciones inimaginables hace un tiempo.

_____

3.1. Caja registradora

Desde los primeros modelos hasta las versiones más modernas, las **cajas registradoras han sufrido una serie de variaciones y modificaciones** que han contribuido a alcanzar en la actualidad una serie de aplicaciones inimaginables hace algunos años.

Versión inicial	Eléctricas	Electrónicas
	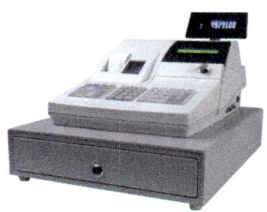	
- En un principio, el fin primordial que cumplían las cajas registradoras era el de guardar el dinero y mostrar al cliente un desglose de su compra y el importe total.	- Con la aparición posterior de las cajas eléctricas se podían registrar los totales del día, de cada vendedor, de cada sección, etc., e igualmente se podía emitir un comprobante de compra, tanto para el cliente como para el vendedor.	- La última incorporación a las cajas registradoras ha sido la caja electrónica. Esta tercera generación de cajas registradoras permite mayores prestaciones como, por ejemplo, el cálculo de cambios, devoluciones y anulaciones, y/o especificaciones del medio de pago, de la cantidad o el precio.

3.2. Datáfono

Un **datáfono** es un dispositivo compacto instalado en una tienda o establecimiento comercial que **permite cobrar** a los clientes normalmente **por red telefónica a través de tarjeta de crédito o débito**.

Hoy en día, el uso de estos terminales se ha extendido ampliamente por todo tipo de establecimientos comerciales, ya que agiliza las operaciones de venta y proporciona seguridad tanto a los clientes como a los prestadores de servicios **a partir de una serie de elementos:**

El funcionamiento del datáfono se fundamenta en el uso de la línea telefónica a la que es conectado un dispositivo especializado que permite comunicar el punto de venta con los centros de datos de las cajas o bancos.

 **TAREA 1**

Manuel Arévalo, joven empresario del sector de la hostelería y restauración, ha adquirido recientemente una red de treinta establecimientos especializados en desayunos y pinchos abiertos con los que pretende consolidar su negocio. Los locales están decorados con las últimas tendencias en diseño. Además, cuenta con un innovador equipo de registro, cobro y pago de las operaciones de venta, que le permite agilizar el desarrollo habitual de su negocio, logrando un elevado nivel de satisfacción en lo que al servicio a sus clientes se refiere.

Obsérvalo en la siguiente imagen:

Continúa en página siguiente >>

<< Viene de página anterior

¿Qué innovaciones tecnológicas asociadas al equipo de registro, cobro y pago observa en el establecimiento comercial? Cita y describe dichas innovaciones, explicando el proceso que se debe seguir en su utilización.

¿Cuáles son las funciones de los equipos de registro y cobro de las operaciones de venta que aparecen en el establecimiento? Enumera y explica dichas funciones.

4. Elementos y características del TPV

☞ HILO CONDUCTOR

A pesar de su reticencia al cambio, el señor Olmedo parece que se está dando cuenta de lo importante que resulta adaptarse al manejo del nuevo terminal y, aunque todavía muestra cierta disconformidad con la decisión tomada por el gerente, ya empieza a ser consciente de lo beneficiosa que puede resultar esta tecnología para desempeñar su labor diaria.

Un **Terminal Punto de Venta (TPV)** se puede considerar como una evolución de las cajas registradoras. Su principal diferencia respecto a estas es que un ordenador gestiona el programa, por lo que su *software* se encuentra menos limitado. Este tipo de aparatos permiten al comerciante gestionar de forma unificada las ventas y los cobros, pues la mayoría llevan integrados sistemas de cobro con tarjeta, además de la clásica impresora, lector de código de barras, pantalla y cajón de seguridad.

Terminal Punto de Venta (TPV)

La difusión de los **Terminales Punto de Venta** en los últimos años ha sido muy rápida. Dos son las principales razones que han contribuido a esta difusión:

➲ La masificación de uso de las tarjetas de crédito.
➲ El uso de las tarjetas de débito fuera de los cajeros automáticos.

4.1. Ventajas del TPV

Actualmente encontramos todo tipo de modelos de **Terminales Punto de Venta (con cable telefónico, inalámbrico, vía *bluetooh*, wifi o GPRS),** pero con independencia del modelo, todos los TPV presentan una serie de ventajas, que pueden ser de diferente naturaleza, esto es, de funcionamiento, financieras o comerciales:

➲ **De funcionamiento:** permite que el arqueo y balance de caja sea más efectivo, pues no se cometerán errores en el recuento del dinero. Y, además, reduce el papeleo.
➲ **Financieras:** los TPV reducen el uso de los cheques, permitiendo que el comerciante pueda disponer con mayor antelación que hasta ahora, de los importes abonados en su cuenta. Cuando un cliente no paga con dinero en efectivo, lo puede hacer con una tarjeta de crédito o de débito; en uno u otro caso, la ventaja para la empresa es que ese dinero se cobra

en el momento de registrar la operación. Mediante la tarjeta se hace una transferencia desde la cuenta corriente del cliente (titular de esa tarjeta) a la cuenta corriente de la empresa. Tenga en cuenta que si se tratase de un cheque, habría que ir al banco a cobrarlo, y mientras no se acuda, el dinero no será efectivo. Por último, decir que se reducen al máximo los errores y las posibilidades de estafa.

● **Comerciales:** el uso de los TPV dan imagen de progreso al establecimiento y producen una mayor satisfacción del cliente a la hora de realizar, sus pagos, pues facilitan enormemente la disponibilidad inmediata del dinero.

 DEFINICIÓN

GPRS
Es un servicio que permite recibir y realizar llamadas de voz mientras está activa la conexión de datos, ya que las llamadas de voz y los datos son totalmente independientes.

Junto a la tarjeta de crédito como forma de pago mediante un TPV virtual, hay un **sistema de pago que se realiza a través de una conexión telemática directa con la entidad bancaria,** que le pide al usuario una clave especial para compras *online,* previamente solicitada para operar en cualquier tipo de *e-commerce.* Se trata del denominado *TPV 3D Secure.*

 ACTIVIDAD COMPLEMENTARIA

1. Busca información sobre el sistema de pago *TPV 3D Secure,* con el fin de determinar qué tipo de inconvenientes podría encontrarse un concesionario de vehículos si hiciera uso de este sistema.

4.2. Elementos del TPV

Como has visto, el **Terminal Punto de Venta** se define como la **tecnología o sistema informático que permite la gestión de todo el proceso de**

venta; sin embargo, son muchas las ocasiones en las que los clientes de un establecimiento comercial tienden a confundir los TPV con los datáfonos de los bancos a través de los cuales se realizan las transacciones.

Monitor

Lector de banda magnética

Teclado

Visor electrónico

Lector de código de barras

Impresora de *tickets*

Cajón portamonedas

Los elementos que habitualmente componen este tipo de TPV modular tan extendido son **monitor, teclado** e **impresora de *tickets.***

Monitor

Puede ser un monitor normal de PC, o bien, uno que posea sistema táctil, que evita la utilización del ratón y agiliza las **labores de gestión de cobro** al permitir al usuario usar con mayor facilidad los menús.

Teclado

Puede ser un teclado de PC normal o uno de pequeñas dimensiones para minimizar espacio, aunque lo ideal es disponer de **teclados específicos para terminales** que se puedan configurar con accesos directos y la posibilidad de incorporar imágenes o símbolos a dichas teclas.

Impresora de *tickets*

Se utiliza la impresora de *tickets* para emitir el recibo o resguardo de compra al cliente. Estas impresoras pueden ser de tres tipos: **matriciales, térmicas y de tinta.**

Impresoras matriciales
- Son más lentas y económicas y utilizan una cinta de tinta.
- Permiten obtener una copia a través de un calco.

Impresoras térmicas
- Son más rápidas y variables.
- Utilizan un rollo de papel térmico y permiten imprimir gráficos.

Impresoras de tinta
- Son las menos habituales.

Cajón portamonedas

Los **cajones portamonedas** más habituales están conectados a un puerto que incorpora la propia impresora de *tickets*. En este caso, el cajón se abre automáticamente en el momento en que se cobra el producto. Otro modelo de cajón es el que se conecta a través de un puerto serie de manera directa a la CPU y se abre al recibir un impulso por dicha conexión, o bien, manualmente con la llave.

A continuación, vamos a analizar los diferentes **tipos de cajones** que existen:

Cajones portamonedas de seguridad	Cajones verticales	Terminales para control de dinero en efectivo

- Presentan elevados espesores en sus carcasas de acero y cuentan con gavetas extraíbles para realizar las entradas y salidas de cambio de efectivo.	- Están especialmente diseñados para espacios pequeños.	- Aquí el cajero no está en contacto en ningún momento con el dinero, siendo el cliente quien efectúa el pago directamente en el terminal y este el que ejecuta el cómputo del entregado y la devolución del cambio.

Lector de código de barras

El lector de código de barras es un **dispositivo que descifra los símbolos del código de barras** que el fabricante imprime en la etiqueta de los productos. En otras palabras, lo que hace es reproducir dicho código como si fuera tecleado por el personal de caja para impedir posibles errores al teclearlo, además de minimizar notablemente el tiempo empleado por el vendedor.

Existen **códigos de barras variables** que, además de identificar el producto, añaden información adicional. Una parte del código es utilizada para identificar al producto y la otra indica la cantidad. Es muy habitual encontrar estos códigos de barras variables en grandes superficies donde los productos vendidos a granel son pesados en balanzas diseñadas para el autoservicio.

Pantalla o visor electrónico del TPV

Este visor es una pantalla de **visualización de datos en la que el cliente puede observar el resultado de la operación de venta** u otra información agregada antes de imprimir el *ticket*. Actualmente, algunos fabricantes usan pequeñas pantallas TFT como visores para el cliente, donde además de la información para el usuario en el momento de la venta, es posible exponer gráficos con ofertas, sugerencias de platos, etc.

Lector de banda magnética

Se trata de un **dispositivo capaz de trasladar la información contenida en la banda magnética de una tarjeta plástica** para ejecutar una transacción bancaria en la venta o para identificar a una persona, ya sea para acceder a zonas concretas o para fidelizar a determinados clientes.

Los diferentes protocolos de comunicación usados por los bancos y sistemas de tarjeta bancaria entorpecen el uso de este lector para el pequeño comercio, obligando a este tipo de negocio a recurrir a los clásicos datáfonos.

4.3. Tipos de TPV

Por último, y atendiendo a su tipología, podemos diferenciar numerosos modelos de Terminales de Punto de Venta; sin embargo, vamos a centrarnos en los **más** conocidos **desde el punto de vista comercial:**

TPV Clásico
- Con el TPV clásico se pueden atender los pagos con tarjeta de crédito de los clientes y beneficiarse de todas las ventajas que comporta: aceptar varias formas de pago, obtener mayor rapidez en la venta, etc. Es el más adecuado para el comercio minorista.

TPV ADSL
- Además de ofrecer la posibilidad de utilizar el teléfono sin interrumpir las operaciones de cobro, permite mayor rapidez y menor coste en las transacciones. Es adecuado para grandes superficies y centros comerciales.

TPV PC
- Es el más aconsejable si el negocio dispone de un sistema informático de venta, ya que permite leer la tarjeta desde un PC conectado a la red informática del comercio y gestionar la autorización de venta. Es adecuado para cafeterías, locales de comida rápida y supermercados.

TPV Inalámbrico
- El TPV inalámbrico puede desplazarse dentro del establecimiento para realizar el cobro con tarjeta. Transmite total confianza en la gestión del pago y ofrece una imagen moderna y actual a los clientes. Es muy adecuado para restaurantes.

5. Apertura y cierre de un TPV

☞ HILO CONDUCTOR

Lejos de resultarle complicado, el señor Olmedo se encuentra entusiasmado por la variedad de prestaciones que le ofrece el nuevo terminal (gestión, información en el momento, proceso de facturación, seguridad, coste, toma de decisiones, etc.). Tanto es así que, cuando acaba su jornada laboral, aprovecha para quedarse un rato más en la tienda, practicando una y otra vez la ejecución de las operaciones.

Una vez vistas las características, tipos y elementos de los que se compone un Terminal Punto de Venta, resulta imprescindible saber cómo se maneja. Y es que la finalidad de la **apertura del TPV** no es otra que la de indicar la cantidad de dinero existente en la caja al iniciar cada turno. Para ello, los importes se introducen en los apartados de las monedas correspondientes.

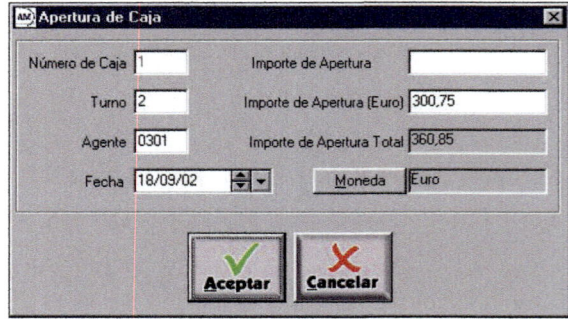

Ejemplo de software que muestra la apertura de caja

Para ejecutar el **cierre de caja** es necesario pulsar la opción **Ventas → Realizar arqueo.** Tras pulsar esta opción, realizaremos una serie de pasos que nos servirán para llevar a cabo el proceso.

En primer lugar, necesitamos determinar qué día deseamos cerrar la caja. Normalmente, aparecerá por defecto la fecha del sistema.

Posteriormente, debemos detallar los datos que aparecen a continuación:

- **Saldo inicial:** es el importe con el que iniciamos la caja. El programa selecciona por defecto como saldo inicial el saldo final del último día que ha cerrado la caja. Si no deseamos que sea esa cantidad, debemos situarnos sobre el campo y escribir el importe que creamos oportuno.
- **En caja existen:** campo reservado para escribir el número de monedas correspondientes a cada campo.
- **Total en caja:** según vayamos rellenando las monedas que hay en caja, el programa calculará de forma automática el total de dinero existente en la misma.
- **Debería haber:** cantidad de dinero que debería haber en caja según todas las entradas y salidas de caja que se han realizado durante el día.
- **Descuadre:** el programa gestor de TPV indica si existe un descuadre entre el total en caja y el importe que realmente tendría que haber en relación a todas las operaciones de entrada y salida de caja que han acontecido durante el día.

Por último, si deseamos cerrar la caja debemos pulsar el botón **Cierre de caja.** Una vez que la hayamos cerrado, ya no será posible volver a realizar el arqueo para ese día. Por ello, disponemos de la posibilidad de cerrar provisionalmente la caja, pulsando **Guardar datos sin cerrar caja.**

Obviamente, las directrices dadas para ejecutar el cierre de caja pueden verse alteradas en función del tipo de *software* que incorpore el terminal.

6. Proceso de control de turnos y ventas

Para poder controlar en todo momento los **turnos de los operarios,** así como las **ventas realizadas durante el tiempo de trabajo de cada uno,** estos deben entrar en el TPV con su nombre de usuario y contraseña, de forma que se sepa quién está en cada momento en la caja.

Del mismo modo, para el cambio de turno hay que dar salida al operario que acaba de terminar y entrada al usuario que se incorpora. A continuación, detallamos el **proceso general de registro de turno y usuario.**

Entrada de usuario	Proceso
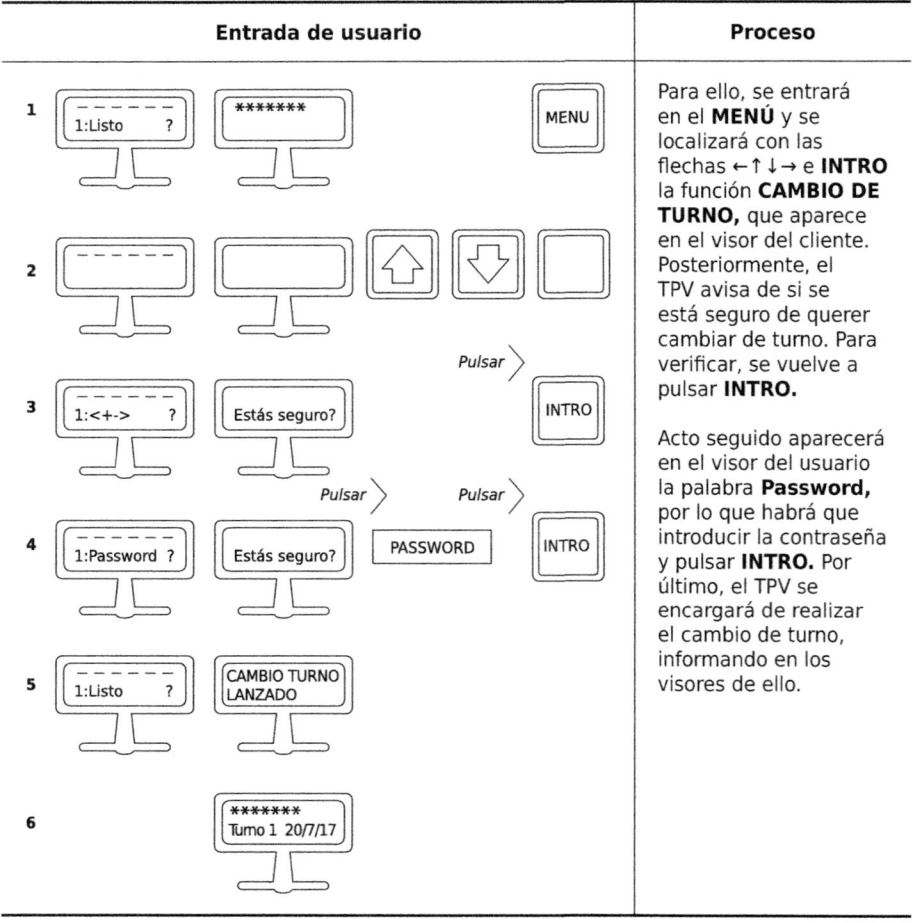	Para ello, se entrará en el **MENÚ** y se localizará con las flechas ←↑↓→ e **INTRO** la función **CAMBIO DE TURNO,** que aparece en el visor del cliente. Posteriormente, el TPV avisa de si se está seguro de querer cambiar de turno. Para verificar, se vuelve a pulsar **INTRO.** Acto seguido aparecerá en el visor del usuario la palabra **Password,** por lo que habrá que introducir la contraseña y pulsar **INTRO.** Por último, el TPV se encargará de realizar el cambio de turno, informando en los visores de ello.

Salida de usuario	Proceso
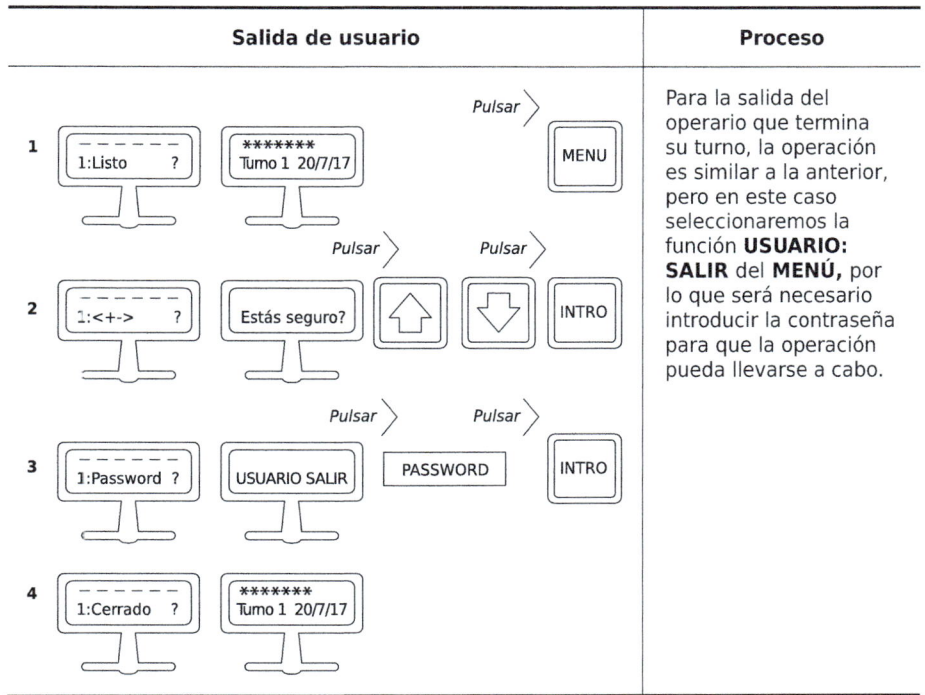	Para la salida del operario que termina su turno, la operación es similar a la anterior, pero en este caso seleccionaremos la función **USUARIO: SALIR** del **MENÚ,** por lo que será necesario introducir la contraseña para que la operación pueda llevarse a cabo.

 **TAREA 2**

Carmen Escudero regenta un pequeño negocio familiar en un pueblo de la costa valenciana. Anoche, tras atender al último cliente del día, realizó el recuento de caja y elaboró el acta correspondiente del arqueo, obteniendo un saldo final de 3.757,16 €.

A continuación, se presenta el número de monedas y billetes que sumó Carmen:

3 billetes de 200 €, 4 billetes de 100 €, 26 billetes de 50 €, 45 billetes de 20 €, 29 billetes de 10 €, 26 billetes de 5 €, 35 monedas de 2 €, 35 monedas de 1 €, 53 monedas de 50 cts., 78 monedas de 20 cts., 43 monedas de 10 cts., 18 monedas de 5 cts., 5 monedas de 2 cts., 36 monedas de 1 cént.

Continúa en página siguiente >>

<< Viene de página anterior

Realiza las operaciones de arqueo y, teniendo en cuenta los datos obtenidos, enumera las fases que ha seguido Carmen para la realización del arqueo y cierre de caja. Detecta si se ha producido alguna desviación o irregularidad durante el proceso, identificando las posibles causas.

7. Escáner y lectura de la información del producto

 HILO CONDUCTOR

Como en la mayoría de los casos, el lector de código de barras del TPV con el que va a trabajar el señor Olmedo se conecta al sistema como si de un teclado normal se tratara y este, a su vez, se conecta al lector con un cable en forma de Y; de hecho, en estos momentos un compañero le está ayudando a configurar el teclado, ya que hasta ahora el lector emitía la señal de lectura, pero no arrojaba ningún resultado en la pantalla del sistema.

Además de almacenar una importante información, tanto para el fabricante como para los distribuidores, con la codificación de los productos se persigue la **lectura de estos en la caja registradora mediante un sistema conectado a un ordenador** que almacene información sobre el producto; de esta forma, para la lectura de información de los productos existen **tres métodos:**

Escáner	Pistola	Lápiz
		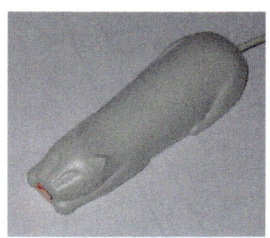
- Un escáner es un lector óptico que emite un haz de rayos de baja intensidad y por reflexión es capaz de distinguir las zonas de las barras y los espacios. Al leer el escáner el código, y tras comprobar la correcta codificación, este envía al ordenador una señal para que le comunique el precio y, a la vez, almacene la información sobre la venta. Los primeros establecimientos que implantaron el sistema de lectura óptica a través de escáner fueron los grandes almacenes, hipermercados y supermercados.	- Dispositivo similar tanto en forma como en manejo a una pistola. El código de barras se pondrá justamente frente al haz de rayos. Una vez bien situado, se dispara el dispositivo y el decodificador lo introduce automáticamente en el ordenador.	- Se trata de un dispositivo en forma de lápiz, en cuya punta se localiza un haz de rayos. Para captar el código, debemos pasar la punta del lápiz sobre el código, siendo leído automáticamente.

7.1. Ventajas de la codificación

En función de la persona que lo controle en ese momento, las ventajas pueden darse para el **fabricante,** el **consumidor** o el **detallista.**

Ventajas para el fabricante

Las ventajas que la codificación presenta para el fabricante son las siguientes:

➲ **Disminución de los gastos administrativos:** el código recoge datos e información procedentes del intercambio de documentos entre fabricantes y distribuidores que de otra forma tendrían que estar en papel.

⮑ **Control permanente de los** *stocks:* la incorporación de lectores ópticos en el almacén permiten la realización de un inventario permanente de los artículos que salgan y entren del mismo.

Ventajas para el consumidor

Las ventajas que la codificación presenta para el consumidor son las siguientes:

⮑ **Control fácil y cómodo de la compra por parte del cliente:** en cada uno de los *tickets* que recibe el consumidor aparece pormenorizada la compra que ha realizado.
⮑ **Los escáneres agilizan el proceso de cobro:** esta acción ofrece mayor comodidad al cliente, evitando las colas en las cajas de salida.
⮑ **Supresión de los errores de caja:** nos referimos a errores tales como el marcado erróneo de precios, unidades, etc.

Ventajas para el detallista

Las ventajas que la codificación presenta para el detallista son las siguientes:

⮑ **Mejora la productividad de la persona que está en caja:** no será necesario coger el producto, localizar el precio, leerlo y marcarlo, ya que bastará simplemente con buscar el código y pasarlo por el lector óptico.
⮑ **Ahorro en el coste de las etiquetas y el personal dedicado a estas tareas:** al no tener que etiquetar los productos, los gastos correspondientes a las etiquetas y el personal dedicado a estas tareas se minimizan notablemente.
⮑ **Los cambios de los precios se hacen de forma automática:** los precios solo se modifican en el ordenador central y en la etiqueta final.
⮑ **Se evitan errores de marcaje de precios:** con el sistema de etiquetado individual sería costoso realizar las modificaciones en todos los productos etiquetados; sin embargo, con el sistema de etiquetas en los lineales, basta con modificar esta para que el problema quede solventado.

No obstante, la codificación como tal presenta también una serie de **inconvenientes,** especialmente para la figura del consumidor:

⮑ **Sensación de angustia por parte del cliente:** el consumidor puede verse agobiado por el sistema de cobro a través del escáner, debido principalmente a la rapidez con la que se realiza la facturación.

➲ **Discrepancias por las promociones o subidas de precios:** los cambios de los precios pueden dar lugar a discrepancias entre el precio marcado en las estanterías y el realmente facturado en el *ticket* de compra.

 **DEFINICIÓN**

Facturación
Indica el volumen de ventas de un negocio. Se denomina facturación, porque las ventas de una empresa implican la realización y entrega de facturas a los clientes a quienes se ha vendido.

Asimismo, los sistemas de escáner proporcionan información a la persona que los esté utilizando. Las ventajas de la información que acumulan estos sistemas pueden quedar resumidas de la siguiente forma:

Stocks	Merchandising
- Con respecto a los *stocks*, pueden dar lugar a aplicaciones informáticas que permitan realizar un control permanente de estos en un sentido tanto de cantidad como de situación.	- Con respecto al *merchandising,* las informaciones proporcionadas por los escáneres permiten su tratamiento, a fin de conocer datos como la rentabilidad de un lineal, los efectos de cambiar un producto de lineal o los resultados de una promoción.

Lenguaje común	Comportamiento de los productos
- Permite la creación de un lenguaje común entre industrias y distribución, dotando de mayor rapidez el intercambio de información. Habitualmente, el punto de venta tiene los mismos códigos que sus proveedores, lo cual facilita enormemente la información entre ambas empresas.	- Gracias a la información proporcionada por un escáner, se puede saber cuál ha sido el comportamiento de los productos a lo largo del año; es decir, en qué épocas se han vendido más y en cuáles menos.

8. Funciones auxiliares del TPV

☞ HILO CONDUCTOR

Después de haberle ayudado a configurar el lector de código de barras, el compañero le ha explicado al señor Olmedo algunas de las funciones auxiliares del TPV, es decir, le ha enseñado a emitir facturas con todos los datos que se establecen legalmente, a gestionar una base de datos de los clientes y proveedores e, incluso, a realizar estadísticas de las ventas en determinados períodos de tiempo, pero no le ha comentado cómo llevar a cabo la gestión del mantenimiento, importación y modificación de las tarifas con los impuestos pertinentes.

Entre las funciones del TPV mencionadas anteriormente cabe destacar otras funciones auxiliares, que dependerán también del **tipo de terminal** y *software* **utilizado.**

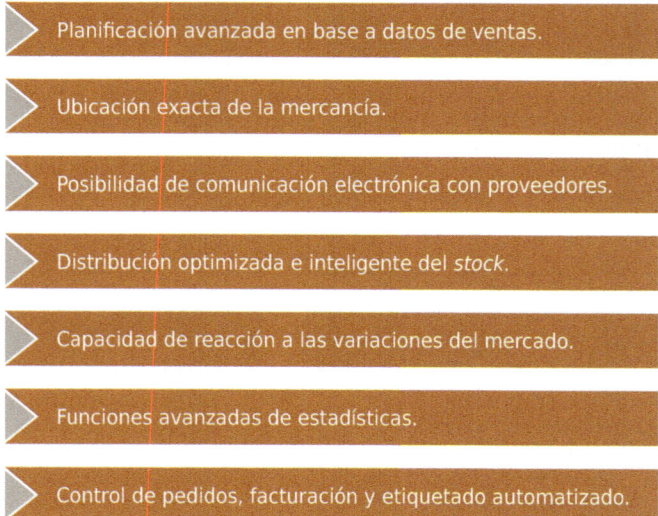

Planificación avanzada en base a datos de ventas.

Ubicación exacta de la mercancía.

Posibilidad de comunicación electrónica con proveedores.

Distribución optimizada e inteligente del *stock*.

Capacidad de reacción a las variaciones del mercado.

Funciones avanzadas de estadísticas.

Control de pedidos, facturación y etiquetado automatizado.

 **DEFINICIÓN**

Stock

Anglicismo utilizado para designar cualquier artículo o género que tenga valor económico y se encuentre a la espera de ser vendido o utilizado en el proceso productivo. Sinónimo de existencia o inventario.

- -

9. Lenguajes comerciales de codificación de la mercancía. Transmisión electrónica de datos (sistemas EDI u otros)

👉 **HILO CONDUCTOR**

Después de tantos años en la empresa, el señor Olmedo sabe que la codificación de un producto se realiza a nivel de referencia y que cuando este varía en alguna de sus características se le debe asignar una referencia diferente. El problema es que ayer a última hora, atendiendo a un cliente en la línea de caja, se dio cuenta de que uno de los artículos en promoción presentaba el mismo código que fuera de la misma.

- -

La utilidad de las codificaciones de los distintos artículos existentes en el mercado se centra en agilizar los **problemas de procesar gran cantidad de información** con mayor fiabilidad y al menor coste posible.

En 1977 surge en Europa una asociación internacional con objeto de crear un sistema de codificación universal: **EAN (Asociación Internacional de Codificación),** a la cual pertenecen en la actualidad más de 100 países de todo el mundo, de los que hay que excluir a Estados Unidos y Canadá que cuentan con su propio sistema de codificación: **UPC** *(Universal Product Code).* Cada país cuenta con su organización perteneciente a la EAN; en este sentido, en nuestro país se creó en 1977 y responde a las siglas **AECOC (Asociación Española de Codificación Comercial).**

En un principio, tanto las normas **EAN** como las **UPC** fueron creadas pensando en el sector alimentario, ya que se trataba del sector en el que existía un mayor número de referencias; sin embargo, hoy en día la mayoría de los productos puestos a la venta están codificados.

Otro de los factores que contribuyó a la concienciación de los fabricantes y mayoristas de la necesidad de codificar sus productos fue la **gestión de sus stocks** de forma más eficiente.

IMPORTANTE

Las razones de este empuje en lo que a la codificación se refiere pueden estar motivadas por:

- La presión por parte de los distribuidores, que ven en la codificación la forma de rentabilizar al máximo la información.
- El hecho de que cada vez son más los fabricantes que se dan cuenta de la necesidad de controlar su almacén de una forma rápida y completa.

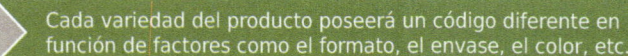

9.1. Normas EAN

Para que el sistema EAN funcione correctamente es necesario cumplir una **serie de normas:**

> Cada variedad del producto poseerá un código diferente en función de factores como el formato, el envase, el color, etc.

> Relación biunívoca código-producto a nivel internacional. A cada producto le corresponde un código y este código va a ser único a nivel internacional.

> El código numérico de identificación del producto debe seguir el formato estandarizado EAN-13 o EAN-8, según el código identificativo que tenga.

> Las reglas para la codificación de cada producto las establece cada país, pero siempre respetando los puntos anteriores.

La diferencia existente entre los formatos **EAN-13** y **EAN-8** no es otra que el número de dígitos que integran el código, siendo la primera versión de 13 dígitos la más usada.

Formato EAN-13

La representación del código EAN 13 se efectúa **mediante la visualización de 13 dígitos** que permitan la identificación del producto. Esos dígitos pueden dividirse en cuatro partes claramente diferenciadas:

1. **Prefijo:** se trata del indicativo nacional, es decir, dígitos que identifican a la asociación nacional. Es asignado por EAN y representa los 2 primeros dígitos del código, aunque hay algunas asociaciones que utilizan 3 dígitos. En España, el indicativo nacional es el 84.
2. **Código de empresa:** junto con el código de producto (3), es el indicativo del producto. En España, son 10 los dígitos que lo componen, divididos en dos partes: los 5 primeros los asigna AECOC a la empresa fabricante.
3. **Código de producto:** junto con el código de empresa (2), es el indicativo del producto. En España, son 10 los dígitos que lo componen, divididos en dos partes: los 5 restantes son asignados por el propio fabricante a sus productos.
4. **Dígito de control:** se trata de un dígito con el que evitamos lecturas erróneas de los códigos. Su valor se calcula en función de los 12 dígitos anteriores; de esta manera, si el cálculo efectuado por el decodificador no coindice con el número de control, no enviará la señal, haciendo necesaria una nueva lectura, o bien, la introducción manual del código.

Formato EAN-8

Este formato solamente se utilizará en casos excepcionales. Se trata de un **código de 8 dígitos** que emplean los fabricantes cuando consideran que el producto no posee el espacio suficiente para imprimir un código de 13 dígitos. Veamos a continuación cómo se distribuyen sus dígitos:

Esta serie de números corresponden a:

1. Prefijo
2. Código de empresa
3. Código de producto
4. Dígito de control

9.2. El código de barras

Cada producto lleva asignado un código correspondiente únicamente a él y que puede ser leído con facilidad por los lectores ópticos sin ningún tipo de error.

IMPORTANTE

La codificación del producto se realiza a nivel de referencia. Cuando un producto varía en alguna de sus características (formato, envase, precio, etc.), normalmente se le asigna una referencia distinta; de esta forma, el código variará en función de si el producto está en promoción o no.

Este número de caracteres debe simbolizarse de alguna manera para que puedan ser leídos y entendidos directamente por un ordenador. El sistema utilizado está formado por un **conjunto de barras paralelas** de distinta anchura y tamaño variable: el código de barras. En el código de barras los números se distribuyen de la siguiente forma:

Datos indicativos del país	Datos indicativos del producto	Carácter

Datos indicativos del país

Estos datos están formados por dos o tres dígitos que sirven para identificar el país de origen de la empresa que crea el producto. EAN es responsable de la asignación de estos dígitos a cada país.

 **EJEMPLO**

El número 84 corresponde a España, el 520 a Grecia, los comprendidos entre el 30 y el 37 a Francia, y el 850 a Cuba.

Datos indicativos del producto

Estos datos constan de 10 dígitos que en España son asignados por AECOC y se dividen en dos apartados:

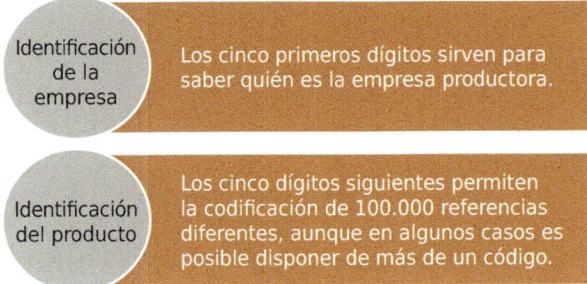

Identificación de la empresa — Los cinco primeros dígitos sirven para saber quién es la empresa productora.

Identificación del producto — Los cinco dígitos siguientes permiten la codificación de 100.000 referencias diferentes, aunque en algunos casos es posible disponer de más de un código.

Carácter de control

Se trata del último dígito y es un número de control, que se calcula a través de una regla matemática. Su objetivo es evitar los errores que se cometen al introducir de forma equivocada una referencia en un teclado. Con este dígito queda prácticamente descartado cualquier error de lectura.

Este símbolo es impreso por el fabricante en las etiquetas o envases de sus productos. En ocasiones, es posible que sea impreso por el distribuidor para marcar en el punto de venta productos frescos, productos que se han entregado sin el código impreso o productos en los que varía alguna de las características iniciales.

Para calcular el dígito de control hay que realizar una serie de operaciones. Se deben sumar, en primer lugar, los dígitos de las posiciones impares. A continuación, se multiplica por 3 y se le suman los dígitos de las posiciones pares. A este resultado se le resta el siguiente múltiplo de 10. El resultado final debe coincidir con el dígito de control.

 ## ACTIVIDAD COMPLEMENTARIA

2. Manuel Antúnez trabaja como jefe de sección de productos alimentarios en una gran superficie de ventas. Hoy se encuentra disfrutando de uno de sus días de descanso; sin embargo, el gerente del establecimiento se ha puesto en contacto con él por una incidencia ocurrida durante la noche en las tareas de reposición y almacenamiento de los productos lácteos. Al parecer, el reponedor que comenzó hace apenas un par de días a trabajar en esa sección tiene problemas con la lectura de un código de barras y no logra averiguar el dígito de control de una referencia.
Determina la tipología y la estructura de ese código de barras y calcula el dígito de control del mismo: 8410127012626.

9.3. La codificación en origen

La codificación puede llevarse a cabo en el punto de venta y las razones que pueden dar origen a ello son muy variadas:

> Hay fabricantes, no pertenecientes a AECOC, que no codifican sus productos.

> La existencia de marcas propias del distribuidor.

> La mayoría de los productos frescos son envasados en el momento de la venta.

En este sentido, la **codificación en origen sigue un sistema jerarquizado:** EAN asigna según el país dos o tres dígitos a cada asociación nacional. Cada asociación nacional asigna 5 dígitos a cada fabricante y, por último, cada fabricante asigna 5 dígitos a cada producto.

_____

9.4. El sistema EDI

EDI son las siglas correspondientes a **_Electronic Data Interchange,_** esto es, **Intercambio Electrónico de Datos,** un sistema que permite el intercambio (envío y recepción) de documentos comerciales por vía telegráfica.

Con el sistema EDI, muchos documentos comerciales electrónicos pueden tramitarse directamente desde el ordenador de la empresa emisora al de la empresa receptora

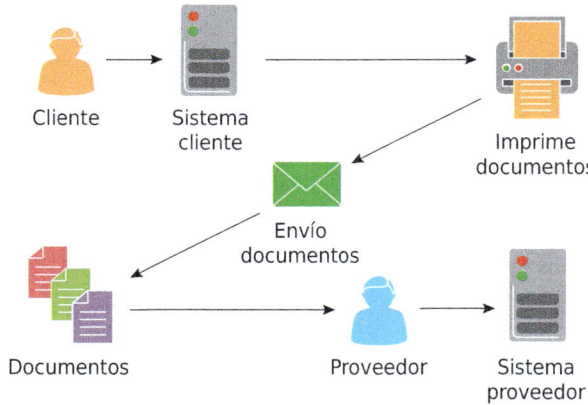

¿Cuáles son las **ventajas que presenta** el sistema EDI?

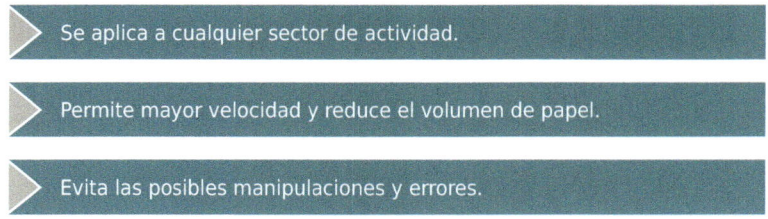

Se aplica a cualquier sector de actividad.

Permite mayor velocidad y reduce el volumen de papel.

Evita las posibles manipulaciones y errores.

Continúa en página siguiente >>

<< Viene de página anterior

> Reduce costes comerciales y disminuye los inmovilizados.

> Aumenta la confidencialidad y diferencia a la empresa.

> Simplifica los procesos administrativos y fideliza a los clientes.

> Ofrece información en tiempo real y mayor fiabilidad de datos.

Como has visto, albaranes, facturas, órdenes de compra y otros documentos comerciales electrónicos pueden tramitarse directamente desde el ordenador de la empresa emisora al de la empresa receptora.

Esto supone un gran ahorro de tiempo y evita muchos errores.

 TAREA 3

Tomando como referencia la siguiente imagen, identifica y explica las funciones de los lenguajes de codificación comercial que en ella aparecen y enumera, al menos, dos tipos de artículos o productos que aparezcan codificados bajo cada uno de los lenguajes referidos.

CODE 39

CODE 128

CODE 93

CODABAR

INTERLEAVED 2 OF 5

MSI-PLESSEY

POSTNET

UPC/EAN/ISBN

10. Descuentos, promociones y vales en el TPV

☞ HILO CONDUCTOR

Después de varias semanas familiarizándose con el nuevo terminal de venta, el señor Olmedo se ha hecho con el manejo del mismo, aunque personalmente continúa sin mostrarse conforme del todo con su incorporación como herramienta de trabajo. Por suerte, uno de sus compañeros le ha ayudado siempre que ha sido necesario, lo cual ha hecho que su proceso de aprendizaje no se haya resentido demasiado con respecto a los demás, sobre todo, a la hora de aplicar los correspondientes descuentos promocionales de los productos.

Los descuentos sobre determinados productos o servicios deben encuadrarse dentro de las **estrategias de *marketing*** para captar la atención de los consumidores, con el fin de estimularlos para que realicen compras; de esta forma, para alentar tanto a los miembros del canal de distribución como a consumidores finales a que hagan algo que normalmente no llevarían a cabo, existe la posibilidad de **ofrecerles uno o más tipos de descuentos.**

👁 EJEMPLO

Se puede incentivar a los consumidores a realizar mayores volúmenes de compras o a adquirir artículos fuera de temporada.

Gracias a los descuentos, promociones o vales es posible aumentar el público fuera de los horarios de máxima afluencia: un TPV permite crear cupones de fidelización, vales de descuento, tarjetas, mantener las fichas de los clientes, etc.

DEFINICIÓN

Promoción de ventas
Consiste en estimular la demanda de un producto o servicio a corto plazo por medio del uso de incentivos o premios económicos o materiales.

- -

En este sentido, al igual que ocurre con los otros descuentos, el TPV debe presentar en su registro el descuento comercial, con objeto de que al pasar el producto, este lea e identifique el descuento del mismo.

La utilización del TPV ofrece la posibilidad de aplicar **descuentos sobre los** *tickets,* **tanto a nivel de líneas como en el** *ticket* **completo del cliente.** Este tipo de descuento se realiza sobre una línea de venta seleccionada, de manera que solo nos pedirá el porcentaje de descuento para esa línea. Una vez que lo hayamos introducido, y tras pulsar el botón *Subtotal,* se aplicará el descuento. A continuación, aplicaremos el tanto por ciento de descuento o la promoción que corresponda (2x1, bebida gratis, etc.) mediante la tecla *Tarifa.* Una vez aplicada la tarifa correspondiente, debemos elegir la forma adecuada de cobrar al cliente.

Asimismo, tanto los vales y descuentos como las promociones en el TPV suponen una nueva tarificación, que se efectuará de una de las siguientes maneras:

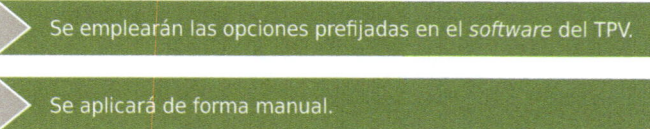

Se emplearán las opciones prefijadas en el *software* del TPV.

Se aplicará de forma manual.

TAREA 4

Accede a la página web de la empresa de cosmética natural de alta calidad que aparece en el siguiente enlace:

Continúa en página siguiente >>

<< Viene de página anterior

https://redirectoronline.com/uf00350102

Tras acceder a la misma, identifica la validez de las promociones, cupones de descuento y vales de regalo que oferta la empresa en base a las campañas promocionales en vigor.

---

11. Utilización del TPV (Terminal Punto de Venta)

Como has visto hasta ahora, el TPV se utiliza para realizar gestiones comerciales de diferente tipo, de ahí que haya que comprender la existencia de **dos partes claramente diferenciadas: un *hardware* y un *software*.** Además, para llevar a cabo determinadas operaciones no basta con descargarse un programa de gestión TPV de libre uso, sino que son necesarios una serie de **componentes físicos:**

1. **Visor del cliente:** refleja lo que el cliente observa en la pantalla. Los TPV están diseñados de forma que el cliente pueda ver en pantalla determinada información como, por ejemplo, el precio de los artículos o la cantidad total a pagar.
2. **Visor del operador:** indica lo que el operador (cajero) puede observar en la pantalla. Este visor no está a la vista de los clientes; sin embargo, en él aparecen datos e información relativa a los dos visores.
3. **Teclado del TPV:** el teclado de un TPV se compone de las partes que a continuación se exponen.

En la siguiente imagen se muestran las funciones de los botones más específicos de un TPV:

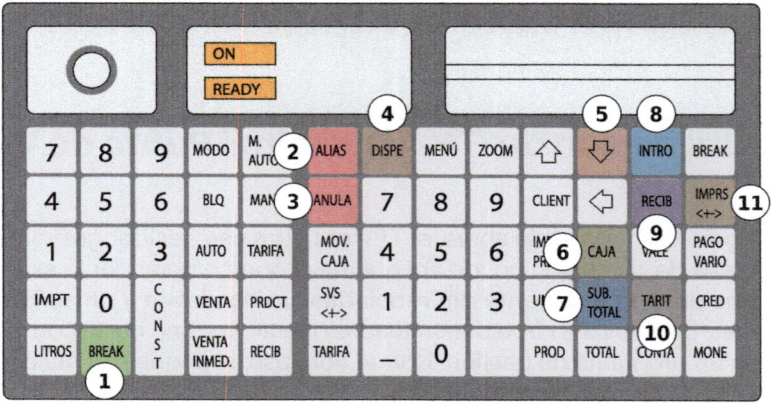

1. **Break:** borra los últimos caracteres introducidos. Si, por ejemplo, un operario se equivoca en la última cifra, al pulsar esta tecla se borrará esa cifra.
2. **Alias:** permite añadir y quitar alias (códigos de identificación) adicionales a los productos. Por ejemplo, puede que al pan se le ponga un determinado código. Si se introduce y se pulsa esta tecla, el TPV marcará automáticamente el precio del producto.
3. **Anula:** se anula la última operación o parte de una secuencia de introducción de datos realizada. Si, por ejemplo, se ha cobrado a un cliente algo por error, al pulsar esta tecla se invalida la última operación realizada. En definitiva, deshace la última operación. Se trata de una función tremendamente útil y necesaria.
4. **Dispensadora:** permite cambiar de dispensadora, mecanismo por el cual se puede mantener simultáneamente abierta más de una misma caja registradora. Así, si un operario está atendiendo a dos clientes, puede hacerlo con dos cajas registradoras, de forma que en una aparezca la cuenta de un cliente y en la otra la del otro. Piensa en la ventaja de este

sistema, permite atender a varios clientes sin que sus cuentas se interfieran (puesto que se hace desde varias cajas registradoras).

5. **Flechas:** se utilizan para moverse dentro de los menús y listas de selección existentes en el sistema.

6. **Caja:** con esta tecla se abre el cajón del dinero, necesario para poder dar cambio y proteger el dinero en efectivo.

7. **Subtotal:** nos indica la cantidad parcial a cobrar a un cliente a mitad de una venta. Si se trata de muchos artículos, esta tecla permite que el cliente (a través de su visor) sepa "por dónde va su cuenta".

8. **Intro:** se utiliza para validar, es decir, en el momento de pulsar esta tecla, la caja entra en funcionamiento (disponible para que se le introduzcan los datos pertinentes).

9. **Recibo:** pulsando esta tecla, obtenemos el recibo correspondiente a la venta.

10. **Tarjeta:** se utiliza para comprobar si una tarjeta, que se quiere utilizar como medio de pago, es válida o no.

11. **Impresos <+->:** proporciona los impresos relacionados con las ventas. Por ejemplo, una factura.

11.1. Operaciones básicas del TPV

Entre todas las **operaciones que pueden efectuarse** a través de un terminal de punto de venta cabe destacar las que se describen a continuación.

Menú de opciones

Se accede a través de la tecla **MENÚ,** apareciendo en el visor una imagen similar a la siguiente:

Pantalla que aparece al pulsar la tecla MENÚ

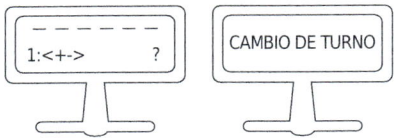

```
- - - - - -
1:<+->        ?
```
```
CAMBIO DE TURNO
```

Para desplazarnos de una función a otra, se pulsarán las teclas en forma de flecha indicadas y, sobre la opción deseada, pulsaremos **INTRO.**

Movimientos de caja

Esta operación permite al usuario señalar a qué fin se destina el dinero (en vales o en efectivo) que sale de la caja registradora.

Proceso de salida de dinero o Movimiento de caja

Tal y como se aprecia en la imagen, lo primero que debemos teclear es el importe que se desea extraer de la caja y luego pulsar la tecla **IMPORTE**. A continuación, aparecerá en el visor del operario **PROD o PAGO;** aquí pulsaremos la tecla **CONTADO**. Finalmente, en el visor del operario saldrá la palabra **DESTINO** o **CLIENTE,** por lo que haremos clic sobre dicha tecla y pulsaremos por último la tecla **MOV CAJA**. Una vez que se abra la caja, cogeremos el importe.

Introducción de productos

Este proceso permite al usuario introducir los productos que el cliente va a adquirir. Tal y como se aprecia en la imagen, lo primero que debemos marcar es la cantidad correspondiente a cada artículo. Para ello, nos valdremos de las teclas numéricas que figuran en la parte derecha del operador.

Proceso de introducción de productos

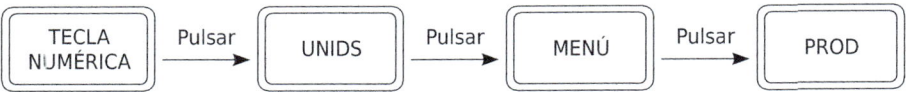

Una vez realizado este paso, pulsaremos la tecla **UNIDS**; de esta forma, aparecerán en el visor del TPV las distintas categorías de productos (frutas, verduras, carnicería, lácteos, etc.). Llegados a este punto, seleccionaremos el primero de los productos que el cliente vaya a comprar y pulsaremos la tecla **PROD**, apareciendo automáticamente en pantalla el precio del mismo. Esta secuencia la repetiremos con todos los artículos que el cliente vaya a adquirir.

Para finalizar el proceso de introducción de productos, deberemos marcar la secuencia correspondiente al cálculo del importe total que hemos visto en el epígrafe anterior, es decir, tecla **IMPORTE** + tecla **CONTADO** + tecla **CLIENTE** + tecla **MOV CAJA.**

Proceso para el cálculo del importe total

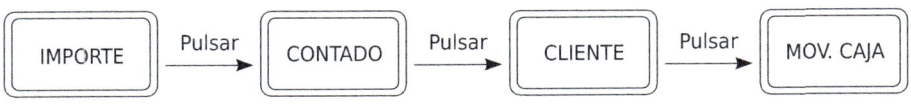

Bonos y descuentos comerciales

Esta función permite la aplicación de bonos y descuentos comerciales canjeables en el terminal de caja. Para ello, pulsaremos primero la tecla numérica correspondiente a la cifra impresa en el bono o descuento y, a continuación, la tecla **VALE,** con objeto de que el *software* del TPV lo detecte como tal. Por último, deberemos marcar las teclas **SUBTOTAL** y **TOTAL** para que la aplicación resulte efectiva.

Aplicación de bonos y descuentos comerciales

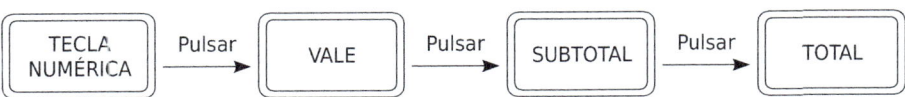

Devolución de un artículo

Esta función permite realizar la devolución de un artículo previamente adquirido por el cliente. Para registrar la devolución del artículo, deberemos seguir la secuencia utilizada al introducir los artículos en el TPV, esto es, tecla numérica + tecla **UNIDS** + selección producto a devolver + tecla **PROD**.

Una vez que hayamos marcado dicha secuencia, es preciso comunicarle al TPV que se trata de una devolución; de esta manera, el operario deberá pulsar las teclas **DEV** y **SUBTOTAL,** con objeto de que aparezca en pantalla el importe de la devolución.

Proceso para la devolución de un artículo

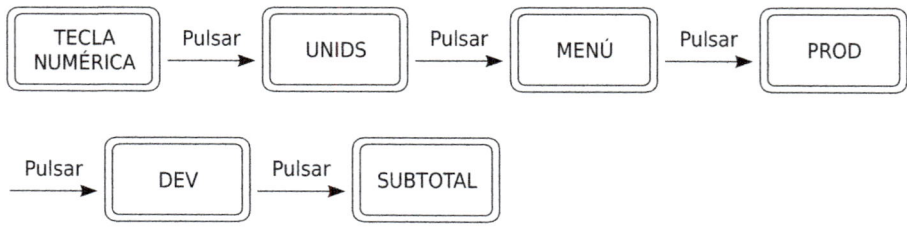

Obtención de informes

El TPV permite listar informes, de forma que se tenga en papel información que puede resultar interesante. Los informes a listar pueden guardar relación con:

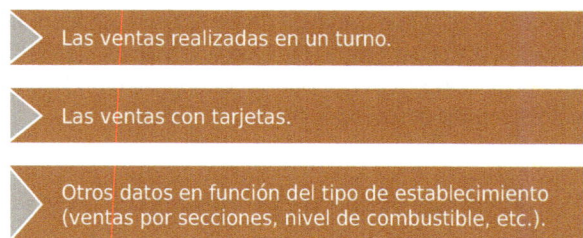

Las ventas realizadas en un turno.

Las ventas con tarjetas.

Otros datos en función del tipo de establecimiento (ventas por secciones, nivel de combustible, etc.).

EJEMPLO

Si lo que queremos listar es un informe de ventas, en el **MENÚ** se seleccionará la opción **INFORME DE VENTAS.**

Luego hay que señalar de qué turno queremos obtener el informe y pulsar **INTRO.** Acto seguido, el TPV solicitará comprobar si hay papel en la impresora; en caso afirmativo, pulsaremos **INTRO** y sacaremos una copia impresa del informe.

✏️ ACTIVIDAD 1

Un cliente ha realizado una compra en su supermercado y necesita utilizar el TPV para realizar el cobro. A continuación, se muestran los productos que lleva el cliente:

- 2 kg de patatas: 1,80 €
- 2 docenas de huevos: 4,20 €
- 1 kg de manzanas: 1,60 €
- 6 pepinos cortos: 1,08 €
- 1 cabeza de lechuga: 1,30 €
- ½ kg de tomates: 0,70 €
- 2 l de aceite: 3,04 €
- 1 pollo troceado: 3,80 €

Dado que se trata de un cliente habitual, ha decidido hacerle un descuento de dos euros, ¿a cuánto ascenderá el importe de la compra?

a. 17,52 €
b. 19,13 €
c. 15,52 €
d. 14,52 €

Indica la secuencia de teclas que se pulsará en el TPV para calcular el vale descuento y proceder al cobro.

a. 2 + tecla VALE + tecla SUBTOTAL + tecla TOTAL + IMPORTE + tecla CONTADO + tecla CLIENTE + tecla MOV CAJA.
b. VALE + 2 + tecla SUBTOTAL + CONTADO + tecla CLIENTE + tecla MOV CAJA.

Continúa en página siguiente >>

<< Viene de página anterior

    c. 2 + tecla VALE + tecla TOTAL + IMPORTE + tecla CONTADO + tecla CLIENTE + tecla MOV CAJA.

    d. Tecla TOTAL + IMPORTE + tecla CONTADO + tecla CLIENTE + tecla MOV CAJA.

Secuencia de anulación

Si un operario se equivoca o un cliente devuelve la mercancía, porque se percata de que está en mal estado, será necesario anular la transacción que se ha introducido en el terminal; de esta forma, a la hora de anular una transacción optaremos por una de las siguientes opciones:

Transacción inmediatamente anterior	Transacción anterior
- Se pulsa la tecla **ANULAR.** - Aparece automáticamente en el visor del cliente el importe correspondiente a la última transacción, que es la que se quiere anular. - Se pulsa **INTRO** y la transacción queda anulada.	- Se teclea el número de la transacción que aparece en el recibo o resguardo de la tarjeta, si fue un pago electrónico. - Se pulsa **ANULAR** y a continuación **INTRO.** - El TPV pedirá la hora, minutos y segundos exactos en los que se produjo la transacción, datos que figuran reflejados en el recibo. - Se introducen y se pulsa **INTRO;** de esta forma, la transacción quedará anulada.

Usuario: ausentarse

Si un operario tiene que ausentarse, debe indicarlo en el TPV. Para ello, seleccionará la opción **CAMBIO DE TURNO** del **MENÚ** y la función **USUARIO: AUSENTE,** introducirá su contraseña y pulsará **INTRO;** de esta forma, su ausencia quedará anotada en el TPV.

Como has podido comprobar, las prestaciones que el terminal de punto de venta ofrece al usuario son múltiples y variadas, lo que le permite obtener un mayor control en la relación con el cliente.

TAREA 5

Como cada semana, Julia se ha acercado a la tienda de ultramarinos del barrio a hacer la compra. Después de tantos años ha acabado por convertirse en una de las clientas habituales de este establecimiento, donde siempre es recibida por el cajero con una amable sonrisa.

Hoy la lista de la compra es algo más larga que otras veces, pues espera recibir una visita de su familia durante el fin de semana.

LISTA DE LA COMPRA

- 2 kg de patatas: 1,80 €
- 2 docenas de huevos: 4,20 €
- 1 kg de manzanas: 1,60 €
- 6 pepinos cortos: 1,08 €
- 1 cabeza de lechuga: 1,30 €
- ½ kg de tomates: 0,70 €
- 2 l de aceite: 3,04 €
- 1 pollo troceado: 3,80 €

Como podrás observar, además de productos básicos, como los huevos, la lista contiene, en su mayoría, frutas y verduras variadas.

Cuando Julia ha introducido todos los productos en la bolsa, da la vuelta al final de uno de los pasillos y se dirige al terminal de caja; sin embargo, al llegar a ese punto, se percata de que Antonio, el cajero que siempre la atiende, no está allí y en su lugar hay un cajero más joven, al que no ve muy suelto en el manejo de las operaciones de cobro y pago.

Enumera y explica las funciones del terminal que necesitará conocer el nuevo cajero para atender adecuadamente a Julia.

12. Resumen

Hoy en día, en la mayoría de los establecimientos comerciales podemos encontrar los llamados **Terminales de Punto de Venta,** más conocidos como TPV, que sirven para la gestión de las tareas de venta al público. Estos dispositivos, compuestos por una parte física *(hardware)* y un programa informático *(software)* permiten **imprimir *tickets*, controlar la caja, gestionar inventarios y otras funciones de trámite comercial.**

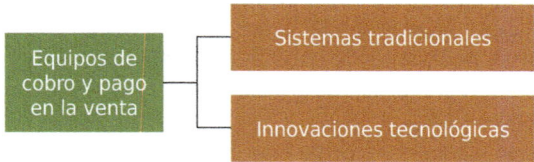

En este sentido, los terminales de punto de venta deben estar configurados para operar con la **cuenta de una entidad financiera,** que es quien suele suministrar el aparato al comerciante, a excepción de aquellos dispositivos que van integrados en la propia caja registradora. Lo que muchos comerciantes no saben es que las entidades financieras disponen de diversos tipos de TPV en el mercado, con características técnicas distintas que permiten dar un servicio a los clientes en función de las necesidades de cada uno.

Al margen de las **funciones básicas del terminal de punto de venta,** este podrá contar con otras aplicaciones adicionales; de esta forma, es posible encontrar terminales que ofrezcan la posibilidad de emitir facturas; gestionar una base de datos de clientes y proveedores; realizar la gestión de mantenimiento, importación y modificación de las tarifas o el control de los artículos, todo ello integrado en una interfaz sencilla que optimice el trabajo comercial en el establecimiento.

Además, el terminal de punto de venta agiliza la aplicación de las llamadas **estrategias de *marketing*** para captar la atención del cliente, esto es, **vales de descuento, bonos, promociones y descuentos,** manteniendo de forma unívoca el fin comercial que estos recursos poseen en sí mismos. Esto nos lleva al último aspecto tratado en la unidad: la **codificación comercial,** que muestra las características del producto, siempre bajo el cumplimiento de cuatro reglas básicas: que sea fácil de teclear, que cada código sea único para cada producto, que se use una codificación significativa, siempre que sea posible, y que se incluya un dígito de control.

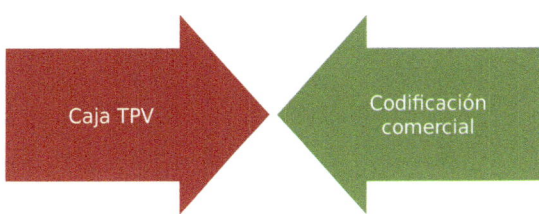

Ejercicios de autoevaluación
Unidad de Aprendizaje 1

1. **Identifica si las siguientes afirmaciones son verdaderas o falsas.**

   a. Un Terminal Punto de Venta es un aparato mecánico o electrónico que permite calcular y registrar operaciones comerciales, además de incluir un cajón para guardar el dinero.

   - Verdadero
   - Falso

   b. La caja registradora es un medio de cobro que permite a los establecimientos aceptar el pago de sus clientes sin dinero en efectivo.

   - Verdadero
   - Falso

2. **El TPV que consta de un equipo basado en un ordenador convencional con un *software* instalado sobre un sistema operativo estándar se denomina...**

   a. ... TPV convencional.
   b. ... TPV modular.
   c. ... TPV compacto.
   d. ... TPV matricial.

3. **¿Cuáles de los siguientes elementos debe contemplar obligatoriamente una factura?**

   a. Datos identificativos del emisor.
   b. Identificación del documento o número de factura.
   c. Base imponible.
   d. Deberá constar en alguna parte del documento el texto INTRA-COM cuando se trate de una factura emitida a un país extranjero.

4. En una caja registradora, el sistema que gestiona las funciones, almacena los datos y trata la información según los modos de gestión deseados se denomina...

a. ... datáfono.
b. ... núcleo del operador.
c. ... unidad central.
d. ... *hardware.*

5. ¿Qué tipo de caja registradora permite realizar devoluciones, anulaciones o especificar el medio de pago?

a. Cajas registradoras mecánicas.
b. Cajas registradoras iniciales.
c. Cajas registradoras eléctricas.
d. Cajas registradoras electrónicas.

6. Las impresoras que permiten obtener una copia a través de un calco se denominan:

a. Impresoras láser.
b. Impresoras matriciales.
c. Impresoras térmicas.
d. Impresoras de tinta.

7. Identifica si las siguientes afirmaciones son verdaderas o falsas.

a. Los cajones portamonedas verticales cuentan con gavetas extraíbles para realizar las entradas y salidas de cambio de efectivo.

- Verdadero
- Falso

b. Los cajones portamonedas verticales están especialmente diseñados para espacios pequeños.

- Verdadero
- Falso

8. ¿Cómo se denomina el dispositivo en forma de lápiz en cuya punta se localiza un haz de rayos?

    a. Escáner
    b. Pistola
    c. Láser pen
    d. Lápiz

9. ¿A qué corresponden los dos primeros dígitos de un código de barras con formato EAN-13?

    a. Código del país
    b. Código de empresa
    c. Código del producto
    d. Dígito de control

10. ¿Cuál de los botones del TPV borra los últimos caracteres introducidos?

    a. *Delete*
    b. Anula
    c. Dispensadora
    d. *Break*

Procedimientos de cobro y pago en las operaciones de venta

Contenido

1. Introducción
2. Caracterización de los sistemas y medios de cobro y pago
3. Los justificantes de pago
4. Diferencias entre factura y recibo
5. Devoluciones virtuales
6. Registro de operaciones de cobro y pago
7. Arqueo de caja
8. Recomendaciones de seguridad e higiene postural en el TPV
9. Resumen

Objetivos

El objetivo específico de esta Unidad de Aprendizaje es:

→ Diferenciar las características de distintos sistemas y medios de pago en distintos tipos de operaciones de venta.

1. Introducción

El **uso** del **Terminal de Punto de Venta** resulta crucial para desarrollar adecuadamente operaciones de caja como, por ejemplo, la apertura o el cierre. En este sentido, los compradores pueden seleccionar diferentes formas para pagar los bienes o servicios que previamente han adquirido, destacando el hecho de que hay medios de pago bancarios y no bancarios. Algunas de las formas de pago a las que nos referimos son el pago en efectivo, la trasferencia bancaria, la domiciliación bancaria o la tarjeta de crédito.

Asimismo, los establecimientos comerciales deben poner siempre a disposición de los compradores o usuarios los correspondientes justificantes de compra. Aunque existe una gran variedad de justificantes, vamos a centrarnos en aquellos que se derivan de la actividad comercial o compraventa, ya que las operaciones que realiza una empresa deben quedar correctamente reflejadas en soportes materiales, con el fin de que haya constancia de los hechos.

Para el desarrollo del contenido, tomaremos como referencia el Departamento de Contabilidad y a una de las responsables de caja del grupo LIMPI-SA, S. L. para comprobar la relación que guardan sus puestos con los procedimientos de cobro y pago de las operaciones de venta.

2. Caracterización de los sistemas y medios de cobro y pago

👉 **HILO CONDUCTOR**

Natalia trabaja en la línea de cajas de la delegación que el grupo tiene en la provincia de Zamora, donde, además de saludar a los clientes que entran en el establecimiento y responder a las preguntas de estos últimos sobre productos y servicios, contar el dinero de la caja para garantizar que las cantidades sean las correctas o identificar los precios de las mercancías, se encarga de entregar recibos, reembolsos, créditos o el cambio.

- -

Los sistemas de pago son múltiples en función de distintos conceptos, pero es básico resaltar la diferencia dependiendo del emisor o el medio de pago, por lo que podemos encontrarnos **medios de pago bancarios y no bancarios.**

Términos como contratación virtual, firma electrónica o dinero electrónico definen en la actualidad un nuevo entorno comercial, formado por un amplio abanico de sistemas de cobro y pago en las transacciones de compraventa:

| Efectivo | Transferencia y domiciliación bancaria | Pago contra reembolso |
| Tarjeta de débito y crédito | Pago mediante teléfonos móviles u otros | Medios de pago *online* |

A continuación, se analizarán cada uno de los métodos de pago utilizados habitualmente.

2.1. Efectivo

Los únicos **medios de pago de curso legal** dentro de la zona euro de la Unión Europea son los billetes y monedas en euros. Por tanto, no hay establecimiento comercial, banco, administración u otro acreedor que pueda negarse a cobrar en efectivo; no obstante, sí podrá rechazar otros medios de pago, como cheques personales y tarjetas de crédito. Además, todo acreedor es susceptible de elegir el pago en efectivo.

El pago en efectivo presenta una serie de **ventajas** tradicionalmente conocidas por la sociedad en general:

⮕ El dinero en efectivo siempre será aceptado como pago.

⮕ Es más rápido que pagar con tarjeta o cheque, porque no hace falta presentar ningún documento de identidad ni esperar confirmaciones o aceptación.

No obstante, además del **pago en metálico,** la empresa cuenta con otras muchas posibilidades.

ACTIVIDAD COMPLEMENTARIA

3. A partir de tu propia experiencia o de la búsqueda de información en la red, analiza las desventajas o inconvenientes propios del sistema de pago en efectivo.

- -

Cheque

El **cheque** se define como un **documento mercantil** por el cual un banco o entidad de crédito se obliga al pago de una determinada cantidad por orden de uno de sus clientes y con cargo a su cuenta bancaria.

Ejemplo de cheque

Como documento emitido por una entidad bancaria, el cheque debe contener una serie de requisitos mínimos y datos obligatorios:

1. Lugar de pago.
2. Denominación de cheque inserta en el propio título.
3. Fecha y lugar de emisión del cheque.
4. Cantidad a pagar expresada en euros o en moneda extranjera convertible.
5. El nombre del que ha de pagar al librado.
6. Firma del librador o del que emite el cheque.

Al emitirse sobre un documento impreso por una entidad financiera y con cargo a una determinada cuenta bancaria, el cheque **puede cobrarse en cualquier fecha** con independencia de la que figure en el mismo. Por lo tanto, el **banco** debe atender el mandato de pago siempre que haya fondos en la cuenta del deudor o de aquel que emitió el cheque y con el límite del saldo de dicha cuenta bancaria.

Para poder emitir un cheque **es necesario que entre el librador y el banco se haya celebrado un contrato bancario** que le permita disponer de fondos de esta manera y que existan fondos depositados en la cuenta corriente.

A continuación, verás los diferentes tipos de cheques que existen, así como sus principales características:

- **Cheque conformado:** el banco garantiza la autenticidad de la firma del librador y la existencia de fondos en la cuantía indicada en el cheque.
- **Cheque cruzado:** con este sistema, el cheque solo puede ser abonado mediante ingreso en la cuenta del beneficiario. Se formaliza de la siguiente manera: cruzando dos barras paralelas en el anverso. La finalidad del cheque cruzado o para abonar en cuenta es evitar que, en caso de pérdida, un tercero pueda cobrar el cheque.
- **Cheque nominativo:** emitidos a favor de una persona determinada, donde se identifica a la misma con su nombre y apellidos.
- **Emitidos al portador:** en el que no se designa persona alguna, por lo que cualquiera podrá proceder a su cobro.
- **Cheques de viaje:** se emiten por un banco o entidad de crédito, figurando en el mismo como librado cualquier oficina de la misma entidad bancaria o de cualquier corresponsal suya. Suelen llevar estampadas cantidades fijas e invariables. Para que tenga validez, el comprador de los cheques ha de firmarlos dos veces: cuando los recibe y cuando los pretende hacer efectivos.

Para el **cobro de cheques se establecen una serie de plazos,** que se computan en **días hábiles** (sin contar domingos ni festivos) a partir del día que consta en el cheque como fecha de emisión. Son los siguientes:

15 días
- Para los cheques emitidos y pagaderos en España.

20 días
- Para los cheques emitidos en Europa y pagaderos en España.

60 días
- Para los cheques emitidos en el extranjero y pagaderos en España.

Pagaré

El **pagaré** es un documento escrito mediante el cual una **persona se compromete a pagar a otra una determinada cantidad de dinero en una fecha** previamente acordada. Es similar a la letra de cambio y se usa, sobre todo, para obtener recursos financieros. La diferencia con la letra de cambio radica en que quien emite el pagaré es el propio deudor.

En este sentido, el pagaré puede ser al **portador o endosable,** es decir, que se puede transmitir a un tercero y ser emitido por individuos particulares, empresas o el propio Estado.

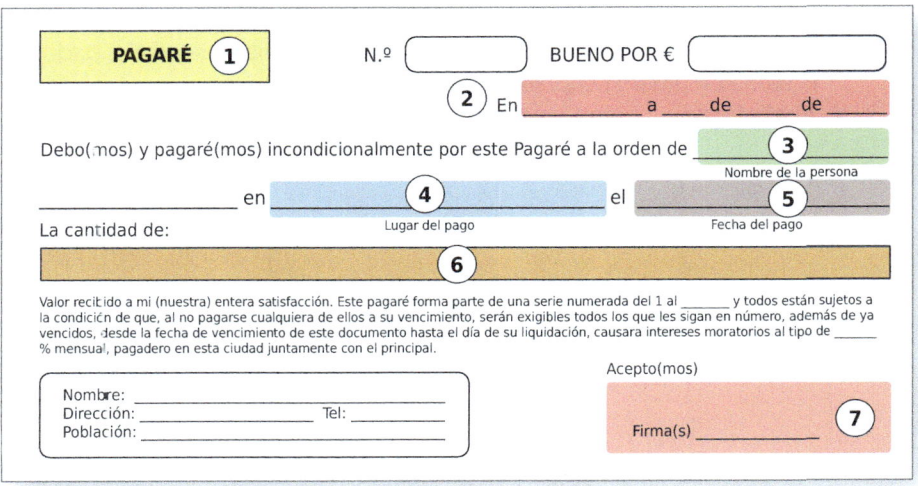

Es muy importante tener en cuenta los datos que debe contener un pagaré, ya que la falta de alguno de ellos puede anular su validez. Estos son:

1. Denominación de pagaré.
2. Lugar y fecha de libramiento.
3. Nombre de la persona a la que debe efectuarse el pago.
4. Lugar donde debe efectuarse el pago.
5. Vencimiento o fecha en la que deberá efectuarse el pago.
6. Importe de la cantidad a abonar.
7. Firma del deudor.

 **NOTA**

El pagaré es uno de los documentos de pago más comunes.

¿Qué figuras jurídicas intervienen en el pagaré?

Las figuras jurídicas que intervienen en un pagaré son las siguientes:

- ⮥ **Librado:** es la persona que se compromete a pagar la suma de dinero a la vista o en una fecha futura fija o determinable. La persona del librado coincide con la del librador, que es quien emite el pagaré.
- ⮥ **Beneficiario o tenedor:** es aquel a cuya orden debe hacerse el pago de la suma de dinero estipulada en el pagaré.
- ⮥ **Avalista:** es la persona que garantiza el pago del pagaré.

 **VÍDEO**

Observa en el siguiente vídeo los pasos necesarios para rellenar correctamente un pagaré.

Continúa en página siguiente >>

<< Viene de página anterior

https://redirectoronline.com/uf00350209

- -

2.2. Transferencia y domiciliación bancaria

Estos dos tipos de pago, la transferencia y la domiciliación bancaria, se realizan a través de intermediación bancaria, efectuándose un traspaso de fondos a otra cuenta bancaria. Pero, ¿sabes en qué se diferencian?

La **transferencia bancaria** se define como aquella operación por medio de la cual se efectúa un traspaso de fondos entre dos cuentas bancarias correspondientes a dos titulares distintos o al mismo titular, mientras que la domiciliación bancaria es un medio de pago que consiste en dar la orden al banco para que atienda de forma periódica todos los recibos que una empresa, administración o particular pase al cobro contra una cuenta bancaria con la citada periodicidad.

 **NOTA**

La domiciliación bancaria es asociada en multitud de ocasiones a la contratación de un servicio por suscripción a determinados productos o al pago periódico de recibos.

- -

Observa este ejemplo de documento estándar solicitado para una **domiciliación bancaria:**

| Entidad bancaria _____ |
| Domicilio entidad _____ |
| C. P. _____ Localidad _____ Provincia _____ |

Muy Sres. míos:

Ruego que, con cargo a mi cuenta y hasta nuevo aviso, atiendan el pago de los recibos correspondientes a mi suscripción que les presentará al cobro la REVISTA del Ministerio de Fomento, editada por el Centro de Publicaciones del Ministerio de fomento.

Les saluda atentamente
(firma)

EL TITULAR, Fdo. _____

CÓDIGO CUENTA CLIENTE			
Entidad	Oficina	DC	Núm. de cuenta

_____ de _____ de 20 __

Ejemplo de solicitud de domiciliación bancaria

En cuanto a las **transferencias,** estas pueden ser de dos tipos:

- ➲ **Internas:** son aquellas en las que la cuenta del beneficiario y la del ordenante están abiertas en la misma entidad de depósito. El traspaso se origina solo cuando el ordenante es el mismo que el beneficiario.
- ➲ **Externas:** tienen lugar cuando el beneficiario y el ordenante no pertenecen a la misma entidad.

NOTA

En la transferencia, el banco puede cobrar una cantidad de comisión que será un porcentaje de la cantidad que se transfiere.

ACTIVIDAD 2

Ángela Roldán, comercial del sector de la publicidad, ha recibido recientemente el finiquito por el cual se ha puesto fin a su relación laboral con la empresa para la que ha trabajado durante los últimos siete años. Aprovechando la coyuntura, Ángela va a acudir esta mañana a la sucursal más cercana para gestionar la operación y de paso cobrar un pagaré y un cheque. Observa las siguientes imágenes de los documentos referidos en el enunciado y diferencia los principales elementos que les dan validez, relacionando cada zona con el texto correspondiente.

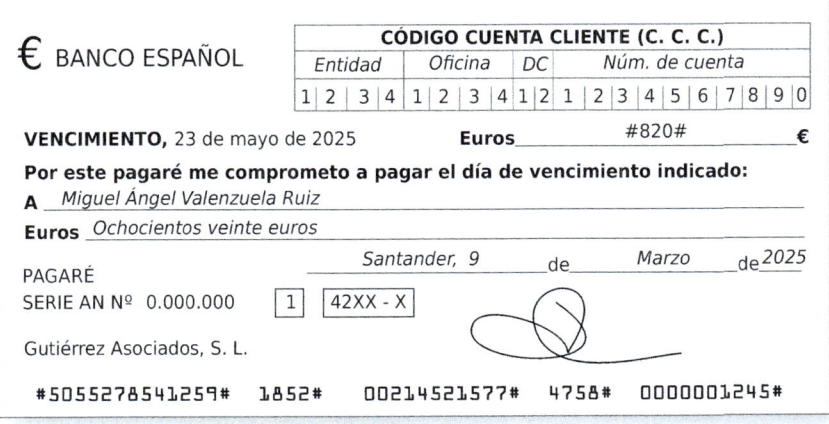

Continúa en página siguiente >>

<< Viene de página anterior

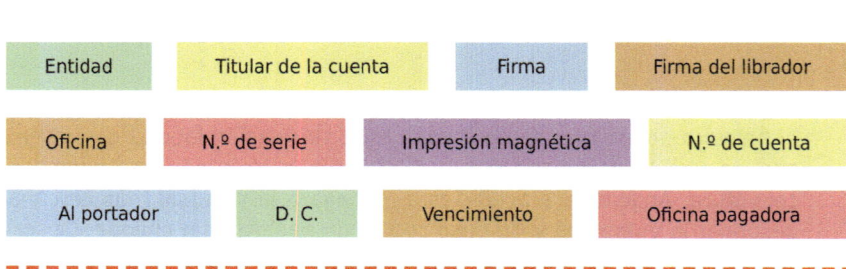

Entidad	Titular de la cuenta	Firma	Firma del librador
Oficina	N.º de serie	Impresión magnética	N.º de cuenta
Al portador	D. C.	Vencimiento	Oficina pagadora

2.3. Pago contra reembolso

El pago contrarrembolso es un **medio de pago que se utiliza en las ventas a distancia** y supone el abono del coste del pedido *online* directamente a la persona que realiza la entrega del mismo en el domicilio correspondiente, por lo general, en efectivo.

IMPORTANTE

El medio de pago *online* que actualmente ofrece mayor seguridad en la compra por internet y a distancia es el pago contrarrembolso, pese a que existen establecimientos comerciales que suelen cobrar una comisión por usarlo.

Este método tiene una acogida muy distinta entre los compradores y los profesionales de ventas, debido a sus características:

- **Aumenta la confianza del cliente:** el cliente no paga hasta que no tiene el producto en la mano. Los clientes con un elevado nivel de desconfianza en las compras *online* normalmente eligen esta forma de pago si está disponible.
- **Tiene un alto índice de riesgo para la tienda virtual:** si el comprador se arrepiente y al llegar el paquete lo rechaza, los gastos corren por cuenta de la tienda virtual, implicando además la pérdida de tiempo.

Pese a todo, el pago contrarrembolso es una tendencia natural que se va imponiendo en todo el **comercio electrónico** a favor de formas de pago más en sintonía con el uso de internet.

 **DEFINICIÓN**

Comercio electrónico
También conocido como *e-commerce*, consiste en la compra y venta de productos o de servicios a través de medios electrónicos, tales como internet y otras redes informáticas.

La mayoría de las tiendas virtuales mantienen este sistema, porque no se han parado a analizar los gastos y percances que les ocasiona o por miedo a perder ventas. Siempre habrá alguna excepción, pero generalmente a la larga supone una mayor rentabilidad eliminar el reembolso como forma de pago.

2.4. Tarjeta de crédito y débito

Las tarjetas bancarias son tarjetas de plástico con una banda magnética, un microchip y un número en relieve. Pero no es lo mismo poseer una tarjeta de débito que una tarjeta de crédito. ¿Sabes diferenciarlas?

 **APLICACIÓN PRÁCTICA**

Al cliente de un banco le acaban de ofrecer la expedición de dos tarjetas: una de crédito y otra de débito; sin embargo, el cliente tan solo quiere que le emitan la segunda.

Continúa en página siguiente >>

<< Viene de página anterior

Determina cuál de los siguientes enunciados constituye un rasgo propio de este tipo de tarjetas:

a. **Cuenta con menos medidas de protección y seguros que la tarjeta de crédito.**
b. **Para disponer de una no es necesario tener una cuenta corriente en la entidad bancaria que emite la tarjeta.**
c. **Los gastos que se abonan con una tarjeta de débito se descuentan al instante del saldo en cuenta.**
d. **Las comisiones que se cobran por la tenencia y uso de una tarjeta de débito suelen ser más caras que en el caso de las de crédito.**

SOLUCIÓN

Una de las principales ventajas que ofrece la tarjeta de débito es que los gastos que se abonan con la misma se descuentan al instante del saldo en cuenta. Para disponer de tarjetas de crédito y débito es necesario disponer de una cuenta corriente en la entidad emisora de la tarjeta, y disponen de las mismas medidas de protección y seguros que la tarjeta de crédito.

A continuación, se describen las **características** de las tarjetas de débito y de crédito:

	Débito	**Crédito**
Pagar y retirar	En las tarjetas de débito se adeudan de inmediato en la cuenta del usuario los cargos que se realizan, a priori, hasta el límite de los fondos de dicha cuenta.	En las tarjetas de crédito, el usuario puede pagar y retirar dinero, incluso, si su cuenta no tiene fondos, ya que prorroga el cobro hasta el siguiente mes.
Retirar y fraccionar	Cuando se utilizan las tarjetas de débito para retirar dinero o fraccionar pagos de productos, no llevan aparejados unos intereses.	Cuando se utilizan las tarjetas de crédito para retirar dinero o fraccionar pagos de productos, normalmente llevan aparejados una serie de intereses.

Continúa en página siguiente >>

<< Viene de página anterior

	Débito	Crédito
Financiar	Las tarjetas de débito también son un medio de pago, pero en este caso se produce el cargo directo en la cuenta del titular. Los gastos que se paguen con tarjetas de débito se descuentan automáticamente del saldo en cuenta.	Son un medio de financiación: realizar compras sin necesidad de sufragar la totalidad del dinero en el momento, el usuario puede pagarlo en varios plazos. Como la posesión de tarjetas de crédito lleva implícita la concesión de crédito por parte de las entidades bancarias, se exige el requisito de la domiciliación de la nómina o la garantía de unos ingresos estables.
Emisión	Los bancos tienen la obligación de formalizar la entrega de dicha tarjeta a través de un contrato, proporcionando una copia del mismo. En dicho contrato de adhesión, las cláusulas vienen ya redactadas, no habiendo posibilidad de modificación. El contrato debe recoger el coste anual de la tarjeta y las posibles comisiones a cobrar por su utilización.	Es emitida por un banco o entidad financiera que autoriza a la persona a usarla como medio de pago en los negocios adheridos al sistema mediante su firma y la presentación de su tarjeta.
Ventajas	La mayor ventaja que poseen las tarjetas de débito es el coste para el usuario, al no cobrarse comisiones de alta, uso o mantenimiento.	La mayor ventaja que poseen las tarjetas de crédito es la flexibilidad que ofrecen al usuario, que puede pagar sus saldos por completo en su fecha límite mensual, o bien, pagar una parte. También puede utilizarse en cajeros automáticos o en un banco para servirse de un adelanto de efectivo.
Inconvenientes	A diferencia de las tarjetas de crédito, su uso solo es posible si se dispone de efectivo en la cuenta a la que esté asociada la tarjeta, en la cual se descuenta automáticamente el importe de los pagos efectuados.	A diferencia de las tarjetas de débito, se cobra un interés por la disposición, comisión y, en algunos países, un impuesto por tratarse de un préstamo.

A pesar de la amplia variedad de formas de pago existentes en la actualidad, la tarjeta de crédito continúa siendo el método más frecuentemente usado.

ACTIVIDAD 3

Mª Luisa Martínez ha decidido abrir una cuenta corriente en la misma entidad bancaria que el resto de sus compañeros de trabajo, con objeto de domiciliar la nómina. Se trata de una clienta exigente y con una actitud hipercrítica, hasta el punto de que ha pedido al interventor de la sucursal que le explique las ventajas que presenta la tarjeta de crédito frente a la de débito, así como los componentes básicos de cada una de ellas. Sabiendo esto, ayuda a la señora Martínez a diferenciar los elementos básicos que observe en las tarjetas de crédito y de débito expedidas a su nombre, relacionando cada elemento con el texto correspondiente.

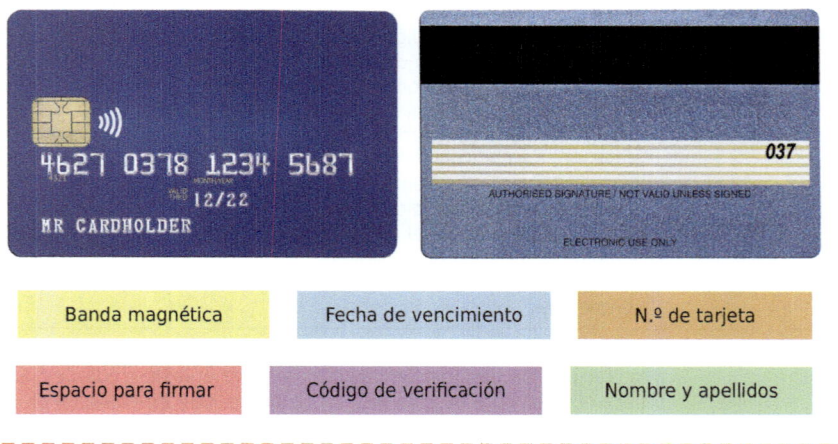

| Banda magnética | Fecha de vencimiento | N.º de tarjeta |
| Espacio para firmar | Código de verificación | Nombre y apellidos |

2.5. Pago mediante teléfonos móviles u otros

La generalización del teléfono móvil en los últimos años ha llevado a algunas empresas bancarias a desarrollar sistemas basados en este soporte; de esta manera, el teléfono móvil puede utilizarse como **medio para realizar transacciones** o como **medio de pago sin contacto.**

¿Cómo funcionan los pagos con el móvil?

Para realizar pagos en datáfonos, es necesario que tu teléfono móvil cuente con **tecnología NFC.** El NFC *(Near Field Communication)* es una tecnología que permite intercambiar datos entre dos dispositivos cercanos. Además de esto, debes dar de alta el servicio en el banco con el que trabajes (si este dispone de soporte para el pago mediante NFC), o bien descargar alguna aplicación que te permita pagar mediante el teléfono.

Algunas marcas de teléfonos móviles desarrollan sus propios *softwares* de pago, aunque si tu terminal no cuenta con este servicio de forma predefinida, siempre se pueden descargar otras aplicaciones como *Google Pay,* por ejemplo. En estos casos, en los que se trabaja con una aplicación ajena al banco, será necesario dar de alta en la app tu tarjeta de crédito o débito.

Los pasos a seguir para pagar mediante el móvil en un datáfono son los siguientes:

- Tener activado el NFC en el teléfono.

- Esperar a que el vendedor te indique que puedes realizar el pago.

- Desbloquear la pantalla y acercar el teléfono al datáfono por la zona en que se encuentre el chip NFC.

- Cuando las compras sean superiores a 20 €, deberás introducir el código pin de tu tarjeta en el datáfono.

NOTA

Algunas administraciones públicas incluyen códigos QR o aplicaciones específicas que permiten pagar los impuestos.

2.6. Medios de pago *online* y seguridad en el comercio electrónico

La expansión de la actividad económica en el último siglo, el incremento exponencial del número de transacciones y su variedad han llevado consigo la **aparición de nuevos instrumentos financieros.**

A pesar de que los medios de pago en internet son numerosos, no hay ninguno que pueda catalogarse como perfecto. En función de lo que vayamos a comprar o vender, utilizaremos uno u otro; no obstante, siendo internet un territorio recién descubierto y con tantas perspectivas de uso comercial, es natural que no dejen de surgir **nuevos medios de pago diseñados específicamente para la red.**

¿Qué características deben tener los medios de pago en internet? Como has visto, el nacimiento de internet como una nueva vía de comunicación constituye un paso más dentro de la creación de medios financieros, ya que los pagos *online* necesitan unos medios específicos, esto es, una adaptación de los medios preexistentes.

Así, podemos concluir que los medios de pago en internet deben poseer, en principio, las mismas características que cualquier otro método de pago.

Es importante que las empresas que cuentan con un canal de venta en internet tomen en cuenta las preferencias de los usuarios, ofreciendo para ello una **amplia variedad de formas de pago,** cómodas y a medida de la percepción del riesgo de cada usuario:

- Transferencia bancaria como medio de pago *online*
- Tarjeta de crédito y débito
- Tarjeta monedero
- Dinero electrónico o digital
- Tarjetas inteligentes o *Smart Cards*
- PayPal
- Tarjeta relacionista
- Cheque electrónico y documentos electrónicos con función de giro
- Pago mediante móvil

A continuación, se analizará cada uno de estos métodos.

Transferencia bancaria como medio de pago *online*

Desde el punto de vista del comercio electrónico la transferencia bancaria es un **medio de pago *online* que funciona a partir de una orden dada al banco** para que transfiera fondos desde una cuenta bancaria a la cuenta de un comercio *online* como pago de una compra.

Las transferencias bancarias son medios de pago *online* bastante prácticos, dado que permiten efectuar pagos a distancia, aunque tienen el riesgo de que el comercio a favor del cual se hacen sea fraudulento, por lo que solamente se deben realizar pagos por transferencia bancaria a aquellos **comercios que ofrezcan la máxima seguridad.** Además, poseen el inconveniente de la no inmediatez como medio de pago.

Tarjeta de crédito y débito

Tal y como hemos explicado anteriormente, las **tarjetas de crédito** se emplean como un instrumento de crédito que permite aplazar el cumplimiento de las obligaciones dinerarias asumidas con su utilización, sin la necesidad de provisionar anteriormente de fondos a la entidad que asume la deuda. De esta forma, existen dos sistemas de uso de las tarjetas de crédito: uno directo y otro a través de intermediarios.

Las **tarjetas de débito** sirven para la realización de compras de bienes y/o servicios en establecimientos comerciales físicos o a través de la red en aquellas tiendas virtuales en las que se permite el uso de estas tarjetas.

Dinero electrónico o digital

El **dinero electrónico** es un sistema para obtener créditos de dinero en cantidades relativamente pequeñas. Este sistema está formado por unidades o símbolos de valor monetario que se transforman en digital, unidades que pueden convertirse en dinero físico. Este dinero electrónico se acumula en el ordenador y se transmite a través de redes electrónicas para ser utilizado al efectuar compras en la red.

Tarjetas inteligentes o *Smart Cards*

Son pequeños dispositivos que contienen una memoria electrónica y, en ocasiones, un circuito cerrado. La información que se almacena en la misma es encriptada para evitar su lectura por personas no autorizadas, de forma que para poder utilizarla se necesita una **clave de acceso o PIN.**

Estos dispositivos tuvieron su auge gracias a su alto rendimiento, a su fiabilidad y su seguridad.

Componentes de una tarjeta inteligente

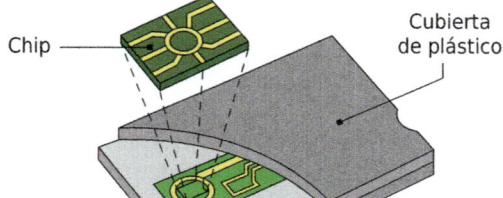

Chip

Cubierta de plástico

Tarjeta monedero

La **tarjeta monedero** ha sido el sistema de micropagos con multitud de propósitos más eficaz. Ha servido para aquellas transacciones de reducido montante económico y alto volumen que requieren una gran velocidad y nivel de seguridad.

Como instrumentos de pago, este tipo de tarjetas presentan una serie de ventajas que las convierten en una opción muy extendida entre los usuarios:

- Se evitan las filas y la congestión en los puntos de pago.
- Se gana más tiempo.
- Es un sistema fácil, rápido y práctico.
- Ofrece mayor control y seguridad de los gastos diarios.
- Se eliminan los problemas del cambio y la falta de monedas.

Tarjeta relacionista

Se trata de una tarjeta que tiene un microcircuito que permite la existencia compartida de diversas aplicaciones en una sola tarjeta, esto es, que puede funcionar como tarjeta de crédito, tarjeta de débito, dinero electrónico, etc. Esta tarjeta presentará en un solo instrumento la **relación global entre el cliente y su banco.**

Cheque electrónico y documentos electrónicos con función de giro

Es una versión electrónica de un cheque impreso. Análogamente al documento de control, y jurídicamente hablando, el cheque electrónico es un documento vinculante, como promesa de pago.

PayPal

Hoy en día, PayPal es uno de los sistemas de pago *online* que permite la admisión y envío de dinero entre comprador y vendedor de forma rápida y segura a través de la red.

Paypal o SafetyPay evitan las comisiones bancarias en las compras de los consumidores.

Este tipo de pago conlleva un pequeño coste al comercio, pero no al consumidor, que ejecuta su opción de comprador *online*. Se trata de un pago rápido y seguro, pues en ningún momento se envía al comercio la información financiera o de la tarjeta de crédito, siendo aceptado en cualquier transacción nacional e internacional.

SABÍAS QUE...

PayPal es una empresa estadounidense, perteneciente al sector del comercio electrónico por internet, que permite la transferencia de dinero entre usuarios que tengan correo electrónico, una alternativa al tradicional método en papel como los cheques o los giros postales. Además, procesa peticiones de pago en comercio electrónico y otros servicios web, por los que cobra un porcentaje. La mayor parte de su clientela proviene del sitio de subastas en línea eBay.

El pago mediante móvil

Tal y como se ha afirmado con anterioridad, la generalización del teléfono móvil en los últimos años ha llevado a algunas empresas bancarias a desarrollar sistemas basados en el teléfono móvil.

Seguridad y confidencialidad

Entre las razones principales de la popularización y el éxito de internet está el hecho de que se trata de una red abierta. Como el protocolo usado por los ordenadores que se conectan a la red es gratuito, cualquier usuario tiene la posibilidad de conectarse sin más costes que los propios de la conexión.

Esta extraordinaria facilidad de acceso y popularidad es el principal atractivo desde el punto de vista comercial, pero también es la causa de que internet esté abierto a todo tipo de usuarios, incluidos los *hackers*.

DEFINICIÓN

Hacker
Experto que puede conseguir de un sistema informático cosas que sus creadores no imaginan. Hoy en día, son muchas las ocasiones en las que el término se identifica con el de delincuente informático, incluyendo a los cibernautas que realizan operaciones delictivas a través de las redes de ordenadores existentes.

Continúa en página siguiente >>

<< Viene de página anterior

Desde un punto de vista más tradicional, se considera *hacker* al aficionado a la informática, en concreto, a buscar defectos y puertas traseras para entrar en los sistemas.

Las comunicaciones comerciales efectuadas por medios tradicionales son mucho más fáciles de interceptar que las comunicaciones a través de internet, por lo que efectuar **actividades delictivas a través de la red** conlleva tener unos conocimientos técnicos sofisticados que no están al alcance de cualquier usuario.

No obstante, las posibilidades de protección del consumidor de las comunicaciones electrónicas son mayores que las que permiten los medios habituales, ya que existen programas de ordenador de carácter gratuito y muy fáciles de usar que permiten a cualquier usuario la encriptación **de sus mensajes,** de manera que quede plenamente garantizado que solo el destinatario podrá entenderlos.

 **DEFINICIÓN**

Encriptación
Proceso para volver ilegible información que se considera importante. Una vez encriptada esta información, solo podrá leerse aplicando una clave.

La **protección legal del comercio electrónico** ha requerido también la preparación de nuevas normas. La protección de cara a la publicidad no deseada, cuyo coste de transmisión recae sobre el consumidor, requiere ahora un tratamiento diferente que cuando el coste recaía solo sobre el anunciante.

El reconocimiento jurídico de las **firmas electrónicas** y del **arbitraje electrónico** en los países de la Unión Europea ha establecido un marco legal que garantiza la calidad de los certificados y activa los trámites judiciales. Los gobiernos de todo el mundo están interesados en incentivar el desarrollo del comercio electrónico, de ahí que estén impulsando reformas legales y fiscales que permitan y agilicen las transacciones en el entorno de la red.

SABÍAS QUE...

Confianza Online es una asociación dedicada a la realización, fomento y defensa del desarrollo de la publicidad y el comercio en los nuevos medios. Abarca tanto las comunicaciones comerciales como los aspectos contractuales derivados de las transacciones comerciales que las empresas y entidades públicas realicen con los consumidores a través de internet y otros medios electrónicos e interactivos.

La seguridad debe ser adecuada tanto a la **necesidad de protección de lo asegurado** como a los **recursos disponibles.** Se trata de hacer una valoración de riesgos y de los costes de la protección, de manera que en ningún momento los costes superen a los riesgos. Así, para la evaluación de riesgos hay que delimitar qué se quiere proteger, cuál es su valor, qué riesgos existen o quién puede atacar, en clara referencia a la actividad de los *hackers*.

2.7. El TPV virtual

La mayoría de las entidades financieras de todos los países ofrecen ya servicios de banca electrónica, en los que incluyen servicios y contratos TPVV (Terminal Punto de Venta Virtual), también denominados, en ocasiones, **cajeros virtuales.**

Los **contratos TPV** son aquellos contratos que se establecen **entre un comerciante y la entidad financiera** con la que normalmente trabaja para poder aceptar el pago con tarjeta de los clientes.

El comerciante dispone de un pequeño aparato, comunicado con la pasarela de pago vía telefónica por la que pasa la banda magnética de la tarjeta y recibe la autorización para la venta, una vez que se ha comprobado la validez de la tarjeta y la disponibilidad de fondos asociados a la misma.

TPV VIRTUAL
FLUJO DE LA TRANSACCIÓN DE PAGO

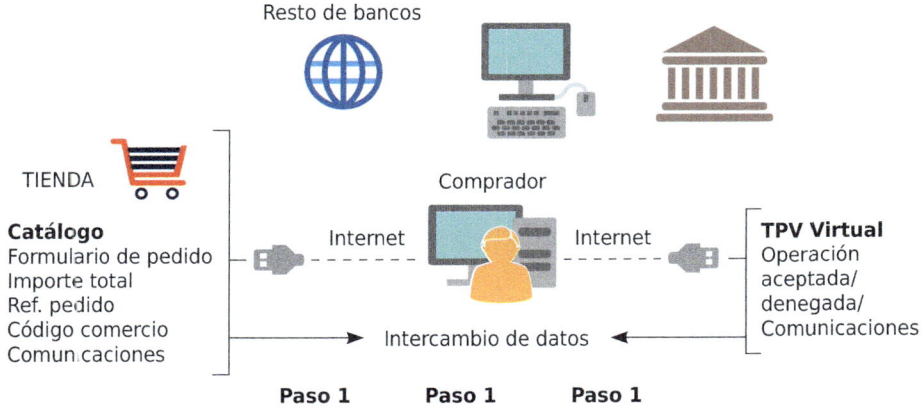

Paso 1: El comprador realiza el pedido
Paso 2: Intercambio de datos
Paso 3: El comprador efectúa el pago

El **TPV Virtual** es el sistema más seguro en el uso de las tarjetas de crédito en internet, ya que no solo **garantiza que los datos de la tarjeta viajarán encriptados** directamente del comprador al banco intermediario, sino que, además, **no serán conocidos en ningún momento por el vendedor.**

Como has visto, el TPV virtual permite aceptar pagos *online* en nuestra tienda *online* a través de tarjetas de crédito, débito o virtuales.

A continuación, se muestran una serie de pasos relativos al funcionamiento del TPV en la web de un comercio; no obstante, estos pasos son orientativos, pues cada comercio puede adaptarlos en función de su forma de trabajar.

Realización de la compra

El consumidor visita las páginas webs de la tienda virtual. Selecciona los productos que desea y los añade al carro de compra virtual. Una vez que concluye su compra, inicia el proceso de pago, pulsando el botón correspondiente.

DEFINICIÓN

Carro de compra virtual

Se trata de una página web que forma parte frecuentemente de las tiendas virtuales. Informa al comprador en cualquier momento de los productos que ha decidido solicitar, de su precio y del importe total de la compra. El comprador puede modificar el contenido, aumentando o disminuyendo las cantidades y los productos que desea adquirir. Cuando el comprador ha decidido finalmente su compra, la misma página le permite iniciar el procedimiento de pago.

Pago: datos del pedido

El paquete de programas que proporciona el banco, incorporado a la tienda virtual, realiza las siguientes operaciones:

➲ Genera un identificador que es específico de esa transacción.
➲ Archiva para el vendedor los datos del pedido, la lista de productos y la forma y dirección para el envío, junto con el identificador.
➲ Envía al banco los datos esenciales de la transacción: la identidad del vendedor, el identificador de la transacción y su importe.

Pago: datos del comprador

En la pantalla del comprador aparece un formulario web que ya no se aloja en el servidor del vendedor, sino en el del banco, que es un servidor con seguridad tipo https o SSL. En ese formulario aparece el importe total de la operación y el vendedor es identificado. El comprador introduce en el formulario del banco los datos de su tarjeta de crédito. Los datos salen encriptados al banco.

Acreditación de validez

El banco acredita la validez de la tarjeta. Una vez comprobada, efectúa los cargos y abonos correspondientes, y traslada al vendedor que la transacción correspondiente al identificador es válida.

Envío de la compra

El vendedor procede al envío de la compra.

Con respecto al sistema básico, el **TPV Virtual** ofrece mayor seguridad, pues los datos de la tarjeta de crédito del comprador son directamente transferidos al banco. Las entidades bancarias son más conocidas por los usuarios e inspiran más confianza que una tienda virtual desconocida. Con este sistema, el intermediario bancario no solo está facilitando la transacción, sino que también está **ofreciendo su propia garantía** para confianza del comprador.

 ACTIVIDAD COMPLEMENTARIA

4. Enumera los pasos que son necesarios para llenar un carrito virtual de la compra y determina qué tipo de incidencias puede encontrarse un usuario durante la realización del proceso.

 TAREA 6

Javier Contreras, gerente de una famosa cadena de supermercados, ha reunido a primera hora de esta tarde a los responsables de caja de los establecimientos de la zona oeste para que reciban instrucciones relacionadas con la política de medios de cobro y pago de la cadena.

A partir de la imagen que aparece a continuación, ayuda a los responsables de caja a identificar los medios de cobro y pago utilizados dentro de la cadena, diferenciando las ventajas tanto para el comprador como para el vendedor, en función de la operación realizada y el tipo de venta de que se trate.

Continúa en página siguiente >>

<< Viene de página anterior

3. Los justificantes de pago

👉 HILO CONDUCTOR

Atendiendo a la normativa de la empresa, Natalia le ha recordado esta mañana a uno de sus clientes que todos los pedidos con entrega a domicilio conllevan unos gastos de transporte; sin embargo, la postura de este cliente no parece ser la más adecuada, ya que se niega a pagar dichos gastos, pese a haber solicitado el envío de la mercancía a su domicilio. Finalmente, ante la negativa del cliente, Natalia ha cancelado la compra, suprimiendo la emisión del justificante de pago de la misma.

Resulta necesario que las operaciones que efectúa la empresa queden reflejadas en soportes materiales para que exista constancia de los hechos y que las personas encargadas de su registro puedan demostrar las operaciones que se han realizado, tanto a requerimiento de algún órgano interno de la empresa como de uno externo a la misma.

Estos soportes materiales, denominados justificantes o comprobantes, son diferentes en función del tipo de operación que se efectúe. Aunque existe una gran variedad de justificantes, a continuación se analizarán los documentos relacionados con la actividad comercial o derivados de la compraventa.

Ejemplo de comprobante de compra (© Fotografía: Iñaki Quenerapú Vía Web - CC BY-SA 2.0)

Los **justificantes de pago en efectivo** deben cumplir una serie de **requisitos,** indicando, al menos, los siguientes datos:

- ⮥ Nombre y apellidos, razón social o denominación, número de identificación fiscal, localidad y domicilio del deudor.
- ⮥ Concepto, importe de la deuda y período al que se refiere.
- ⮥ Fecha de cobro.
- ⮥ Órgano, persona o entidad que lo expide.

En el caso de los **justificantes de pago a través de medios mecánicos,** los datos anteriores se expresarán en clave o abreviatura, ampliamente identificadoras del deudor y de la deuda satisfecha a que se refieran.

3.1. El recibo

El **recibo** es el documento en el que el acreedor de una deuda reconoce expresamente haber recibido del deudor el importe de la misma **a efectos del pago o cumplimiento de la obligación negociada.**

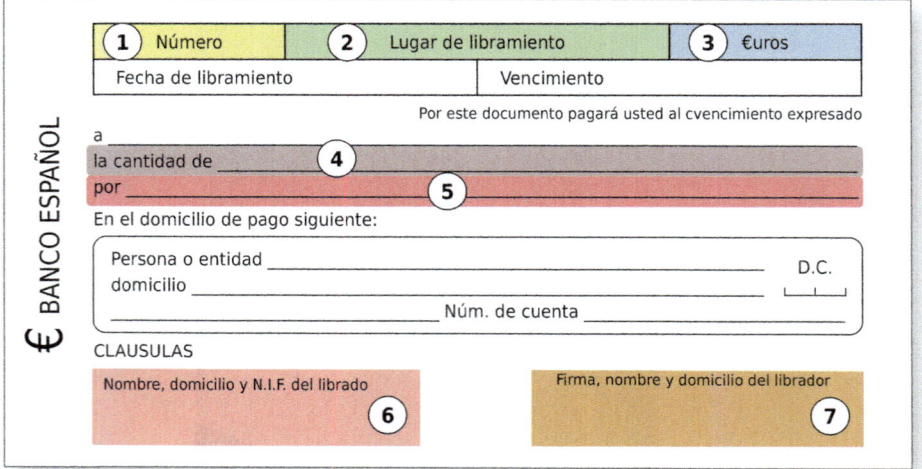

Aunque para este tipo de documento no se exigen formalidades especiales, no hay que olvidar que debe contener, como mínimo, los siguientes datos:

1. Número del recibo
2. Lugar o localidad
3. Importe en cifras
4. Importe en letras
5. Explicación del fundamento de pago
6. Nombre o razón social
7. Firma y sello

 **RECUERDA**

El recibo siempre debe ir firmado, en prueba de conformidad de haber recibido el importe de la deuda.

3.2. Justificante de transferencias

Una **transferencia** es una operación bancaria mediante la cual se traslada una cantidad de dinero de una cuenta a otra entre dos entidades financieras diferentes. A diferencia de esta, en el **traspaso** se traslada una cantidad de dinero de una cuenta a otra, pero dentro de la misma entidad financiera.

Mientras que la transferencia suele acarrear comisiones, el traspaso es, por lo general, gratuito, ya que se efectúa dentro de la misma entidad. El valor de las comisiones por transferencia depende de la entidad y su comisión la amortiza el titular de la cuenta que realiza la transferencia.

En un sentido más amplio, los justificantes de transferencias son **documentos que se emiten al efectuar la transferencia bancaria** que demuestran que esta se ha realizado correctamente.

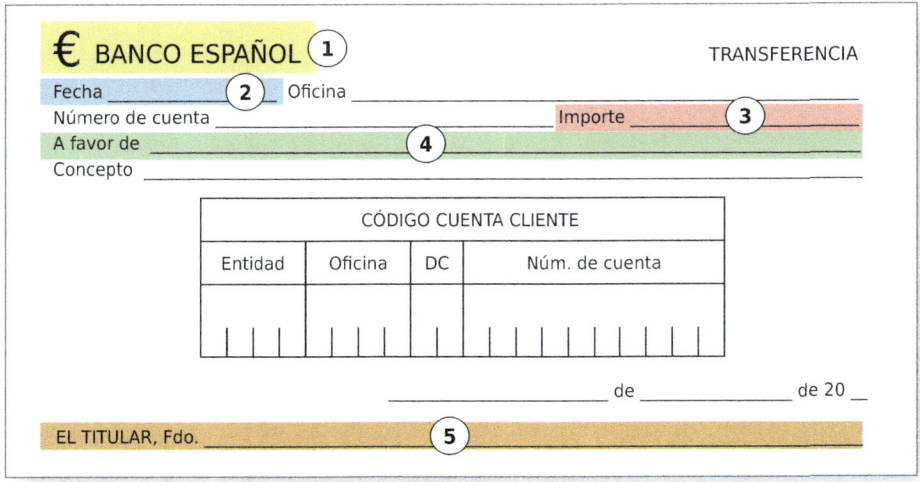

En los justificantes de transferencias se señalarán los siguientes elementos:

1. Entidad que lo ha realizado
2. Fecha de realización
3. Importe
4. Beneficiario
5. Ordenante

4. Diferencias entre factura y recibo

Tanto la factura como el recibo son documentos que justifican que se ha realizado una compra. Ambos pueden parecer sinónimos en el mundo de los negocios; sin embargo, es necesario establecer una clara distinción entre ellos, sobre todo, en lo referente a cuándo y cómo reciben los clientes la factura y pagan por los servicios prestados.

Una factura **no es un comprobante de pago.** Es necesario recalcar esto, pues hay un gran número de personas que confunden ambos términos. Cuando se entrega un producto o un servicio, se emite una factura, pero esto no quiere decir que se haya cobrado.

FACTURA

Nombre de su empresa: **Dirección de su empresa:**	Cliente: CIF/NIF:

Número de Factura: 0
Fecha factura:

Observaciones :

Artículo	**Precio**	**Cant.**	**Total**

Base IVA		% IVA		Importe IVA		Total €	

Recibido por

Ejemplo de factura

Un recibo o *ticket* es un **comprobante de pago** que contiene datos de una compra efectuada, pudiendo justificar así que se ha producido una transacción.

| NÚMERO | LUGAR DE LIBRAMIENTO | | €UROS |
| FECHA DE LIBRAMIENTO | | VENCIMIENTO | |

Por este documento pagará usted al vencimiento expresado

a _____

la cantidad de €ur

en el domicilio de pago siguiente

CÓDIGO CUENTA CLIENTE			
Entidad	Oficina	DC	Núm. de cuenta

CLÁUSULAS   Firma, nombre y domicilio del librador

Nombre, domicilio y NIF del librado

Ejemplo de recibo

4.1. Facturas

A través de una factura, se formalizan las operaciones de compraventa, por lo que se debe efectuar por duplicado, quedándose cada parte con un ejemplar.

Deben emitir facturas los empresarios y profesionales por las operaciones que efectúen en el ejercicio de su actividad; de esta forma, antes de elaborar la factura habrá que:

- Tener el pedido del cliente.
- Comparar el pedido con el albarán de salida.
- Aplicar los precios establecidos a los diferentes artículos servidos.

No obstante, las facturas se pueden redactar en cualquier modelo, siempre que contengan los siguientes datos:

 ⮕ Número y serie de factura.
 ⮕ Nombre, apellidos (persona física) o denominación social (persona jurídica), NIF y domicilio del comprador y vendedor.
 ⮕ Descripción de la operación, con detalle de los bienes o servicios que se transmiten y su contraprestación total.
 ⮕ Base imponible, tipo de IVA, cuota de IVA o la expresión "IVA incluido".
 ⮕ Lugar y fecha de emisión.

 VÍDEO

Accede al siguiente código QR para observar un vídeo en el que se citan las pautas para la elaboración de las facturas:

https://redirectoronline.com/uf00350202

- -

 ACTIVIDAD COMPLEMENTARIA

5. Identifica la información que debe contener una factura y determina qué tipos de facturas son más comunes entre las empresas de distribución comercial.

- -

En función de los requisitos legales, el marco legal ampara **tres tipos de facturas que se diferencian entre sí por los requisitos que cumplen,** aunque todos son válidos desde el punto de vista legal:

 ⮕ **Completa:** esta factura se emitirá siempre que el destinatario de la factura sea un empresario o un profesional que actúe como tal y tenga derecho a deducción por IVA. Debe reunir todos los requisitos vistos anteriormente.

⮩ **Simplificada:** esta factura se emitirá siempre que el destinatario no actúe como empresario o profesional y el importe de la operación no supere los 400 €. En estos casos, no será necesario que aparezcan los datos que identifican al destinatario de la misma.

⮩ **Documentos sustitutivos:** en el caso de que el importe de la factura no supere los 3.000 €, las facturas podrán ser suplantadas por vales numerados o *tickets* expedidos por máquinas registradoras en los siguientes casos:

◑ Ventas al por menor (realizadas a consumidores finales).
◑ Transporte de personas.
◑ Venta y servicios prestados de forma ambulante y a domicilio.
◑ Servicios de hostelería, restauración, bares, cafeterías, etc.
◑ Servicios telefónicos.
◑ Utilización de instalaciones deportivas.
◑ Salas de baile, discotecas, videoclub, etc.

En el caso de los vales expedidos, estos deberán constar de los siguientes datos:

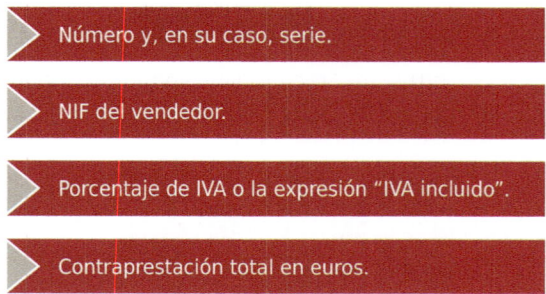

Número y, en su caso, serie.

NIF del vendedor.

Porcentaje de IVA o la expresión "IVA incluido".

Contraprestación total en euros.

Emisión de la factura

Los empresarios tienen la **obligación de emitir una factura por cada operación** cuando el comprador sea un consumidor final. Cuando el comprador sea un empresario, la emisión de la factura puede retrasarse como máximo un mes desde que se produjo la venta, siendo posible la agrupación de todas las operaciones efectuadas con el mismo comprador en el plazo de un mes.

Conservación de la factura

En función del tipo de facturas, estas deben conservarse durante un determinado período de tiempo:

> **Facturas de ventas**
> - Los empresarios tienen que conservar las facturas de ventas durante 6 años.

> **Facturas de compras**
> - Por lo general, deben conservarse durante un período de 6 años, excepto las de bienes de inversión, que se conservarán durante diez y las de compra de terrenos o edificios durante quince.

Conceptos que influyen en el cálculo de la factura

Para el **cálculo del importe total** de una factura, hay que saber el orden lógico de la misma y tener claros una serie de conceptos como descuentos, gastos e impuestos.

El **orden lógico de realización de una factura** es el siguiente:

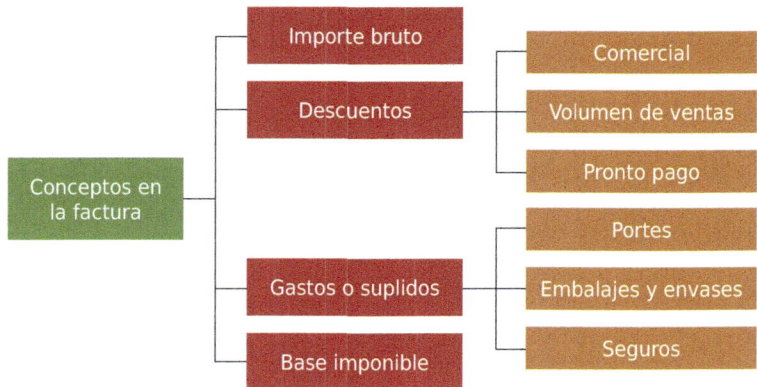

A continuación, se explica cada uno de estos conceptos:

⊃ **Importe bruto:** para calcular el importe bruto se multiplica el precio unitario de cada artículo por el número de unidades vendidas y se suma el importe de cada artículo.

⊃ **Descuento comercial:** reducción del valor del bien, debido a promociones, ofertas o simplemente para abaratarlo. Se calcula sobre el importe bruto total.

⊃ **Descuento por volumen de ventas:** se realiza en función del volumen de compras realizado, es decir, si se supera un determinado número de unidades compradas, se aplica. También se calcula sobre el importe bruto total.

⊃ **Descuento por pronto pago:** se realiza cuando el comprador efectúa el pago de forma inmediata y no aplaza el pago de la factura. Este descuento se aplica a la cantidad que resulta de restar al importe bruto total tanto los descuentos comerciales como por volumen de ventas.

⊃ **Portes:** son los gastos que se originan por transportar la mercancía desde el almacén del vendedor hasta el comprador.

⊃ **Embalajes y envases:** los embalajes son los contenedores que empaquetan y protegen los envases que contienen el producto; los envases son los recipientes que contienen físicamente el producto.

⊃ **Seguros:** son las cantidades pagadas en concepto de seguro para la cobertura de los posibles desperfectos que pueda sufrir la mercancía durante su traslado.

⊃ **Base imponible:** todos los conceptos que incrementan o reducen el importe de la factura dan lugar a la cantidad a la que se le debe aplicar el IVA.

4.2. Obligaciones para el comerciante y el establecimiento comercial

A partir de la entrada en vigor del **Real Decreto 1496/2003,** por el que se aprueba el reglamento por el que se regulan las obligaciones de facturación y se modifica el Reglamento del Impuesto sobre el Valor Añadido, las obligaciones de facturación están reguladas por un nuevo reglamento.

A continuación, se analizarán algunos de sus aspectos más importantes.

Obligación de expedición de factura

El reglamento establece la obligación general de expedir y entregar factura por todas las operaciones que un empresario o profesional efectúe en el desarrollo de su actividad económica, incluso por aquellas que no estén sujetas al Impuesto o las que estando sujetas queden exentas. De esta forma, deberá expedirse factura y copia de esta en las siguientes operaciones:

> Cuando el destinatario sea un empresario o profesional que actúe como tal, con independencia del régimen de tributación al que se encuentre acogido el empresario o profesional que efectúe la operación.

> Cuando el destinatario lo exija para el ejercicio de cualquier derecho de naturaleza tributaria.

> En las entregas a personas jurídicas que no actúen como empresarios o profesionales, con independencia de que se encuentren establecidas o no en el territorio de aplicación del impuesto, y a las administraciones públicas.

Posibilidad de expedir documentos sustitutivos: la factura simplificada

Respecto a la posibilidad de emitir una factura simplificada como documento sustitutivo de la factura, el nuevo reglamento mantiene en esencia los mismos supuestos que se establecían en la regulación anterior, teniendo en cuenta que en **ningún caso podrá sustituirse la factura ordinaria por la simplificada cuando esta sea obligatoria.**

La obligación de emitir una factura no podrá ser cumplida mediante la expedición de ticket en los casos en que el empresario o profesional esté obligado, y sin excepción, a emitir factura; al expedir una factura rectificativa, cuando las cuotas repercutidas se hayan determinado erróneamente o concurra alguna circunstancia que provoque la modificación de la base imponible; de esta forma, quedarán **excluidas de emisión de factura ordinaria las siguientes operaciones:**

- ⮞ Ventas al por menor.
- ⮞ Ventas o servicios en ambulancia.
- ⮞ Ventas o servicios a domicilio del consumidor.
- ⮞ Transportes de personas y sus equipajes.
- ⮞ Servicios de hostelería y restauración.
- ⮞ Suministro de bebidas y comidas para consumir en el acto.
- ⮞ Servicios prestados por salas de baile y discotecas.
- ⮞ Servicios telefónicos prestados mediante la utilización de cabinas telefónicas de uso público, así como mediante tarjetas de prepago.

- Servicios de peluquería y los prestados por institutos de belleza.
- Utilización de instalaciones deportivas.
- Revelado de fotografías y servicios prestados por estudios fotográficos.
- Aparcamiento y servicios de estacionamiento de vehículos.
- Alquiler de películas.
- Servicios de tintorería y lavandería.
- Utilización de autopistas de peaje.
- Las autorizadas por el Departamento de Gestión Tributaria de la AEAT, en relación con sectores empresariales o empresas determinadas, con el fin de evitar perturbaciones en el desarrollo de sus actividades.

5. Devoluciones virtuales

👉 HILO CONDUCTOR

Aunque Natalia sabe cómo efectuar la aplicación de un vale en el terminal de punto de venta, esta mañana ha tenido un incidente con una clienta. Al parecer, al introducir el código del vale en el TPV, ha aparecido un mensaje en el visor, advirtiendo de la fecha de caducidad del mismo; sin embargo, en el documento aparece registrada otra fecha, por lo que Natalia ha tenido que pedirle disculpas a la clienta y decirle que no le puede aplicar el descuento del vale.

El servicio al cliente debe ofrecerse en todo momento, no solo durante el proceso de venta, sino también después de haberse concretado esta. Además de los **beneficios que otorga el brindar un buen servicio al cliente,** el servicio de posventa nos ofrece la posibilidad de mantenernos en contacto con él, alargando así nuestra relación.

Por otra parte, la **fidelización de clientes** consiste en lograr que un cliente se convierta en un cliente fiel a nuestros productos, marca o servicios, es decir, transformarlo en un cliente frecuente o asiduo, permitiéndonos además que el cliente vuelva a adquirir nuestros productos y nos recomiende a otros consumidores.

Muchas empresas descuidan la fidelización del cliente y se concentran más en captar nuevos prospectos, lo cual se considera un error, ya que retener a un cliente suele ser más rentable que captar uno nuevo, provocando una reducción de costes tanto en tareas de *marketing* (una persona que ya nos compró es más probable que vuelva a comprarnos) como de administración (venderle a alguien que ya nos compró, requiere de menos operaciones en el proceso de venta).

Por ello, a continuación se va a tratar no solo la importancia de contar con una adecuada **política de devoluciones,** sino también algunos de los **métodos o estrategias que podemos usar para fidelizar a nuestros clientes.**

Contar con una política de devoluciones genera confianza por parte de los clientes de un establecimiento.

5.1. Devoluciones

Por lo general, los establecimientos tienen la obligación de cambiar el producto o de devolver el importe.

 **IMPORTANTE**

Los establecimientos comerciales solo tienen la obligación de devolver el dinero o cambiar los productos si los mismos presentan anomalías o defectos. En este supuesto, es obligatoria la entrega de la cantidad que pagaron.

En consonancia con la normativa vigente, salvo en la venta a domicilio o en la venta a distancia, el **derecho a la devolución del dinero o al cambio del producto** únicamente se podrá ejercer si el producto adquirido posee algún tipo de defecto de fabricación anterior a la venta.

Las **condiciones bajo las que se puede cambiar el producto** son las siguientes:

Condición 1
- El producto no cumple con las características con que se anuncia, o bien, es defectuoso. En estos casos, se podrá optar por el cambio por otro producto igual o de similares características, o también por la devolución de su precio.

Condición 2
- Cuando la publicidad de un establecimiento o de un producto no es cierta, "si no queda satisfecho con el producto le devolvemos su dinero", ya que la publicidad es vinculante para quien la realiza.

Condición 3
- En la venta a distancia, y en la venta a domicilio se dispone de un plazo de 14 días para las devoluciones, desde la recepción de la mercancía.

Condición 4
- Cuando se efectúe la compra con la condición de tener a prueba durante unos días el producto, se tendrá derecho a devolverlo en el plazo acordado. En caso de no estar fijado el plazo, este será de 14 días, que es lo que marca la Ley de Ordenación del Comercio Minorista (LOCM).

 **NOTA**

La Ley de Ordenación del Comercio Minorista tiene como objetivo principal establecer el régimen jurídico general del comercio minorista, así como regular determinadas ventas especiales y actividades de promoción comercial, sin perjuicio de las leyes dictadas por las comunidades autónomas en el ejercicio de sus competencias en la materia.

Los establecimientos que por su propia decisión **acepten la devolución de artículos no defectuosos** podrán determinar de antemano las siguientes condiciones: los plazos de devolución, si se efectúa en metálico o mediante vales de regalo, si el envoltorio puede estar abierto o no, etc.

No obstante, cuando el derecho a la devolución de un producto sea de reconocimiento, el consumidor que únicamente lo haya probado sin alterar sus condiciones, no estará obligado a indemnizar al vendedor por el desgaste o el deterioro que haya podido ocasionarle.

5.2. Vales

Un vale es un documento comercial para el pago total o parcial de un producto o servicio que los establecimientos comerciales emiten.

VALE DE CAJA	N.º _____	___ de ___(A)___ de ___
DETALLES		IMPORTES
(C)		(B)
(D) Firma	TOTAL	(E)

Los vales deben contener, como mínimo, los siguientes datos:

a. Fecha.
b. Cantidad (en número y letra).
c. Especificación clara sobre el concepto.
d. Firma de autorización.
e. Firma de la persona que recibe el dinero.

Los establecimientos comerciales los emiten con diferentes finalidades:

- **Fidelizar** a sus clientes.
- Darse **publicidad** frente a clientes nuevos, ofreciéndoles un artículo más barato o gratuito.
- Como **parte del proceso de devolución,** extendiendo un vale que permite cambiar un producto adquirido por otro en un tiempo próximo.

Por último, el término **vale** puede usarse para hacer referencia a movimientos internos de una oficina o empresa. Cuando un empleado adquiere dinero para la compra de artículos o materiales que no haya en existencia en la empresa o porque desee un adelanto sobre su salario, se rellenará un **vale de caja.**

_____

5.3. Normativa de aplicación

La **posibilidad de devolver el producto** o cambiarlo por otro es un servicio voluntario del establecimiento, no obligatorio. Esto es, ningún vendedor tiene la obligación de admitir una devolución sin una causa que lo ampare legalmente, como aparece reflejado en el Real Decreto Legislativo 1/2007, de 16 de noviembre, por el que se aprueba el texto refundido de la Ley General para la Defensa de los Consumidores y Usuarios y otras leyes complementarias.

https://redirectoronline.com/uf00350206

Según la normativa citada, existe un **derecho de desistimiento** claramente definido en los contratos celebrados a distancia y aquellos celebrados fuera del establecimiento comercial. En este sentido, la devolución puede consistir en el reembolso del precio o el cambio por otro producto.

NOTA

Según el R. D. 1/2007, de 16 de noviembre: *Serán nulas de pleno de derecho las cláusulas que impongan al consumidor y usuario una penalización por el ejercicio de su derecho de desistimiento.*

Los establecimientos que aceptan la **devolución de productos** pueden establecer las condiciones en las que esta debe realizarse. En el caso de las ventas efectuadas fuera de los establecimientos mercantiles, el consumidor dispondrá de un **plazo de catorce días para devolución del producto,** plazo que comenzará a contar una vez que le haya sido entregada la mercancía.

Si la venta del producto se efectúa con la condición de poderlo tener a prueba, el consumidor tendrá la posibilidad de realizar la devolución en el plazo acordado. Si no se hubiera fijado dicho plazo, este será de catorce días, tal y como establece el artículo 10 de la Ley 7/1996, de 15 de enero, de Ordenación del Comercio Minorista.

https://redirectoronline.com/uf00350207

ACTIVIDAD COMPLEMENTARIA

6. Consulta la legislación vigente e identifica los casos en los que el vendedor tiene la obligación de admitir una devolución.

A continuación se explicarán los aspectos más importantes recogidos en el R. D. 1/2007, de 16 de noviembre, por el que se aprueba el texto refundido de la Ley General para la Defensa de los Consumidores y Usuarios y otras leyes complementarias, sobre el **derecho de desistimiento:**

- La empresa deberá informar contractualmente al comprador sobre el derecho de desistimiento, incluyendo las consecuencias de su ejercicio, así como el método que usará para restituir el bien o servicio.
- Junto con el bien adquirido, la empresa tiene la obligación de incluir un documento de desistimiento, que se identifique claramente, y que exprese el nombre y dirección de la persona a quien debe enviarse y los datos de identificación del contrato y de los contratantes a que se refiere.
- El comprador dispondrá de un plazo mínimo de 14 días naturales para ejercer el derecho de desistimiento.
- Este plazo se computará desde la fecha en la que el comprador ha recibido el producto adquirido o desde la celebración del contrato si se tratara de un servicio.
- Si el empresario no informa del derecho de desistimiento, este se podrá ejercer en el plazo de 12 meses.
- Tras ejercerse el derecho de desistimiento, el empresario tendrá la obligación de devolver la suma completa abonada por el consumidor en el plazo máximo de 14 días desde que es informado por el consumidor o usuario.
- Transcurridos los 14 días sin que el comprador haya recibido la devolución, este podrá reclamarla duplicada, sin perjuicio de que se le indemnicen los daños y perjuicios que hayan podido derivar de la situación.
- El consumidor y usuario que ejercite el derecho de desistimiento contractualmente reconocido no tendrá en ningún caso obligación de indemnizar por el desgaste o deterioro del bien o por el uso del servicio debido exclusivamente a su prueba para tomar una decisión sobre su adquisición definitiva.

5.4. Procedimientos internos de gestión

La **gestión interna de la devolución de productos** es uno de los aspectos a tener más en cuenta dentro de una buena **estrategia de comercio electrónico,** ya que su enfoque se puede analizar desde dos perspectivas distintas: como un proceso que añade valor al consumidor o como un proceso empresarial que debe planearse con eficacia para que no suponga una carga para la empresa.

No obstante, cada empresa o comercio tiene una forma de gestionar a nivel interno, y siempre en el marco de la legalidad, su departamento de devoluciones:

Devolución de un artículo
- Los artículos ofrecidos por muchos establecimientos están avalados por importantes firmas comerciales, por lo que si al recibir su pedido no queda satisfecho, el cliente dispondrá de un **plazo de catorce días a contar desde la fecha de recepción** para ejecutar el derecho de devolución.

Devoluciones desde el domicilio de envío
- En caso de devolución, los gastos de envío no serán reembolsados (excepto en la devolución de productos defectuosos), mientras que los gastos de recogida correrán por cuenta del cliente.
- Para realizar la devolución el producto deberá estar en perfectas condiciones, dentro de su embalaje original y con los manuales, accesorios o regalos promocionales que incluya en su caso. Una vez recibida la mercancía, y previa comprobación del estado de la misma, se procederá **al reintegro de su importe conforme a la modalidad de pago** realizada por el cliente.

Devoluciones en centros comerciales
- Los productos adquiridos por internet también pueden ser devueltos en sus centros comerciales, siguiendo el mismo proceso que las devoluciones desde el domicilio de envío. Tan solo están excluidos del sistema de devolución en los centros comerciales, los productos voluminosos (más de 20 kg de peso), aquellos de venta exclusiva en la red y los artículos de alimentación, bebidas, limpieza e higiene personal.

 TAREA 7

El Departamento de *Marketing* de una importante red de estaciones de servicio está planificando estrategias promocionales a aplicar durante los próximos tres meses en todas las gasolineras del territorio nacional; sin embargo, la férrea competencia en el sector está dificultando mucho esta labor.

Continúa en página siguiente >>

<< Viene de página anterior

Localiza en la red cuatro ejemplos de vales, descuentos, bonos y tarjetas de empresa en relación a campañas promocionales e identifica la validez de cada uno en relación a campañas en vigor para que sirvan de referencia a dicho departamento.

---

6. Registro de operaciones de cobro y pago

☞ HILO CONDUCTOR

Hasta ahora, Natalia ha realizado siempre las operaciones de cobro a través de pago al contado o con tarjeta de crédito; sin embargo, un cliente extranjero ha querido pagarle esta tarde con libras esterlinas. Naturalmente, el cliente estaba en todo su derecho de efectuar la operación de pago con la moneda de su país. El problema ha sido Natalia, que nunca antes se había encontrado en la tesitura de tener que gestionar un pago en divisas.

Todos los productos y servicios que los clientes adquieren en un establecimiento, con independencia del medio de pago que vayan a utilizar, deben registrarse en el **sistema de gestión informático del punto de venta.**

Por ejemplo, cuando se trata de realizar el cobro de un producto, es necesario tener en cuenta una serie de pasos:

1. Se introduce la cantidad de artículos y se pulsa la tecla **UNIDADES.**
2. Existe una doble opción: pasar el código de barras del producto por el escáner o teclearlo manualmente. Tanto en un caso como en otro hay que pulsar la tecla **PRODUCTO.** Este proceso se repetirá mientras haya artículos.
3. Una vez pasados por el escáner todos los artículos, se pulsa la tecla **TOTAL** y el importe aparecerá en el visor del cliente.

6.1. Operaciones de cobro y pago

Las operaciones de cobro y pago de productos se pueden realizar de diferentes formas según la **forma de pago.**

Operaciones de cobro en efectivo o con tarjeta

Aunque en este apartado aparecen recogidas diversas operaciones de cobro y pago en un esquema de contenidos, vamos a comenzar este apartado describiendo las teclas que intervienen en dichos procesos.

Para la realización de una operación de cobro con tarjeta de crédito o débito lo primero que deberemos hacer es introducir el producto o los productos a abonar por el cliente y, a continuación, pulsar la tecla **TARJETA,** con objeto de que el TPV registre el modo de pago de la operación.

Una vez realizado este paso, deberemos pulsar las teclas **TOTAL** + tecla **CLIENTE** + tecla **MOV CAJA** para que la operación se pueda cerrar.

Asimismo, para realizar el cobro y pago al contado de un producto deberemos pulsar en primer lugar la tecla **CONT** para indicarle al TPV que el abono se va a hacer en efectivo y, a continuación, marcas las teclas **CLIENT** y **MOV CAJA;** de esta forma, el proceso quedará correctamente registrado.

Proceso de cobro en efectivo o con tarjeta

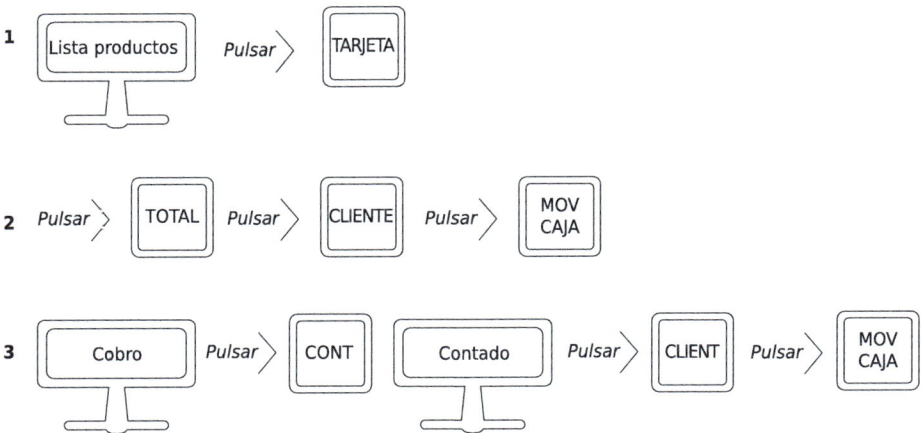

Una vez descritos los pasos correspondientes a las operaciones de cobro, pasamos a analizar las diferentes formas o métodos de pago a los que puede recurrir el cliente; de esta forma, atendiendo a algún que otro matiz, las operaciones de pago al contado, a crédito y en divisas responden a unas secuencias de teclas muy similares.

Pago en divisas

A la hora de realizar el pago puede que el cliente pague en moneda extranjera. En esos casos, una vez que se teclea el importe a pagar, se pulsa **IMPORTE** y luego se teclea el código de la divisa en la que se efectuará el pago.

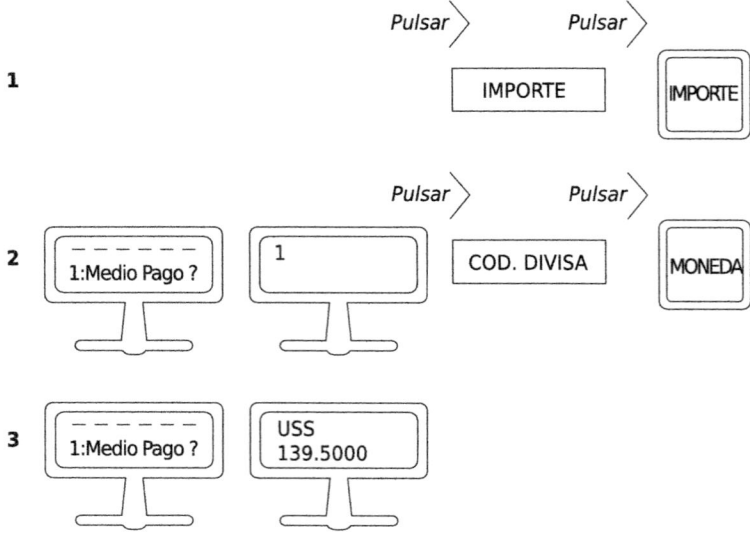

Pago al contado

Cuando el pago se efectúa al contado, una vez introducido el importe correspondiente a la cantidad entregada por el cliente y pulsada la tecla **IMPORTE,** el visor del operario nos pedirá el medio de pago a elegir. Si el cliente nos paga en efectivo, habrá que pulsar **CONTADO** y el TPV nos mostrará el cambio a devolver.

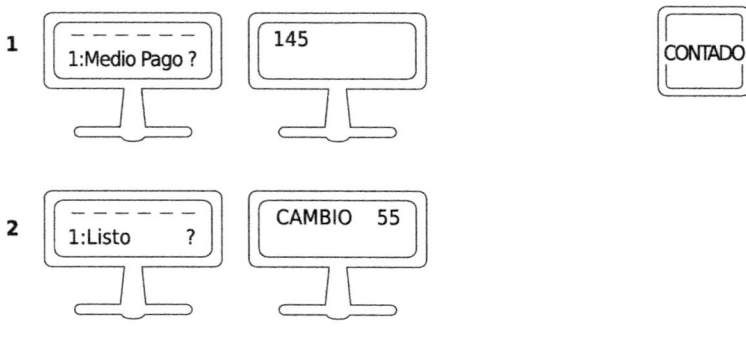

Pago a crédito

Cuando se trabaja con clientes a los que se concede crédito, es necesario introducir el código del cliente y pulsar **CLIENTE.**

Posteriormente aparecerá en pantalla el código del producto. Una vez introducido, se pulsa nuevamente la tecla **CLIENTE** y, por último, **CRÉDITO,** encargándose el TPV de cargar este importe a la cuenta del cliente.

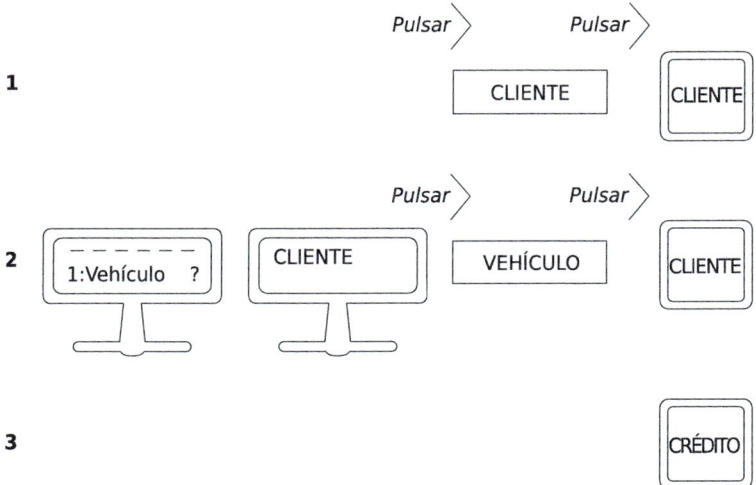

ACTIVIDAD 4

Son las ocho y media de la tarde y la dependienta de una joyería está a punto de cerrar el establecimiento, en cuyo interior aguardan dos clientes a la espera de ser atendidos. El primero de ellos va a comprar un reloj de caballero con caja de acero y correa negra de piel por un importe de 1.295 € (pago con tarjeta de crédito).

1. Identifica la secuencia de teclas correspondiente para efectuar la operación de cobro:

   a Pulsar TARJETA + TOTAL + CLIENTE + MOV CAJA
   b. Pulsar PROD + Reloj caballero + TOTAL + CLIENTE + MOV CAJA

Continúa en página siguiente >>

<< Viene de página anterior

    c. Pulsar UNIDS + Reloj caballero + TOTAL + CLIENTE + MOV CAJA
    d. Pulsar TOTAL + CONT + MOV CAJA

2. El segundo cliente ha decidido comprar un brazalete rígido de plata con pavé de circonitas, cuyo precio es de 230 € (pago en efectivo), previa devolución de otro de similares características valorado en 80 €. Identifica los pasos para realizar la devolución del brazalete, marcando la secuencia de teclas correspondiente:

    a. Pulsar DEV + Brazalete + TOTAL + CLIENTE + MOV CAJA
    b. Pulsar 1 + UNIDADES + Brazalete de plata + PROD + DEV + SUB
    c. Pulsar 1 + TOTAL + Brazalete de plata + PROD + DEV + SUB
    d. Pulsar 1 + UNIDADES + Brazalete de plata + PROD + DEV + MOV CAJA

3. Una vez realizada la devolución, efectúa el abono de la mercancía referida y el cobro y pago al contado o en efectivo del nuevo brazalete, marcando la secuencia de teclas correspondiente. Identifícala entre las siguientes opciones:

    a. 1 + UNIDADES + Brazalete circonitas + PROD + CONT + MOV CAJA
    b. 1 + UNIDADES + Brazalete circonitas + PROD + SUB + CONT + CLIENT + MOV CAJA
    c. 1 + UNIDADES + Brazalete circonitas + TOTAL + CONT + MOV CAJA
    d. UNIDADES + Brazalete circonitas + PROD + SUB + CONT + CLIENT + MOV CAJA

7. Arqueo de caja

 HILO CONDUCTOR

Como todos los días, tras finalizar la jornada de trabajo Natalia ha realizado el arqueo de caja correspondiente, utilizando para ello los respectivos comandos del terminal de punto de venta. El problema es que la operación realizada le ha devuelto un descuadre de más de 300 €; de esta forma, lejos de ponerse nerviosa y viendo que el gerente no se ha preocupado de verificar el arqueo, ha recogido sus cosas y se ha marchado a casa, sin tener en cuenta que dentro de dos semanas el Departamento de Contabilidad iniciará el libro de Inventarios y Balances de la empresa.

En cualquier negocio de venta al por menor existe un proceso al final del día comercial que muchas personas no aprecian por las implicaciones que conlleva. Nos referimos, por supuesto, al arqueo de caja, que no es más que la **suma de dinero que hay en la caja** y una operación simple de sumas y restas que dan como resultado el descuadre.

Hoy en día, casi el 100 % de las aplicaciones informáticas de **Terminal Punto de Venta** permiten al comerciante este sistema de arqueo; de hecho, las cajas registradoras ya incorporan algunas partes de este método.

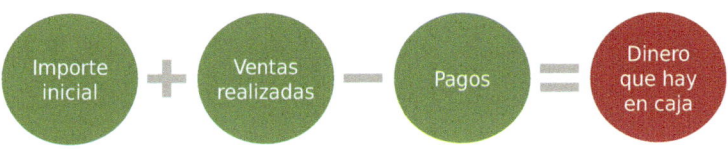

Importe inicial **+** Ventas realizadas **−** Pagos **=** Dinero que hay en caja

7.1. Concepto y aspectos a tener en cuenta

El arqueo de caja consiste en el **análisis total y parcial de las transacciones del efectivo durante un período determinado,** con la finalidad de comprobar si se ha contabilizado todo el efectivo recibido y, por tanto, el saldo que arroja esta cuenta corresponde con lo que se encuentra físicamente en caja en dinero efectivo, cheques o vales.

Actualmente, para realizar el arqueo se suelen utilizar las aplicaciones informáticas de **Terminal Punto de Venta,** pero antes de su existencia, se realizaba mediante el método tradicional.

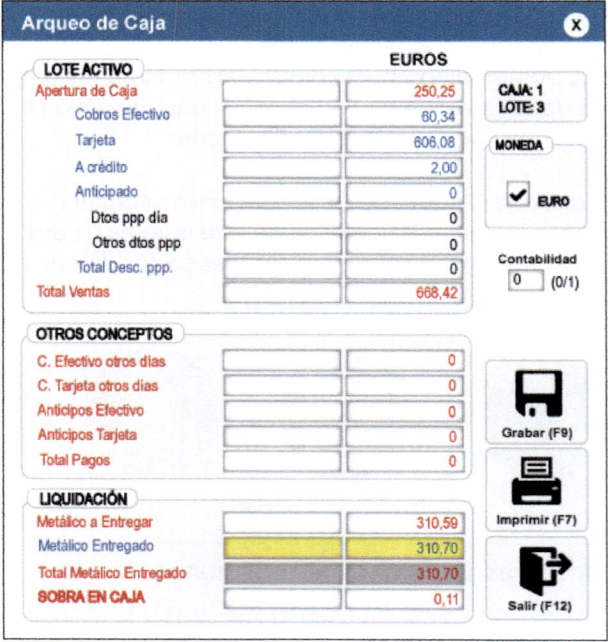

Ejemplo de pantalla de arqueo y cierre de caja

A continuación, se analizará el **método tradicional** para la realización del arqueo de caja, los pasos a tener en cuenta para ello y las principales ventajas e inconvenientes propios de su aplicación.

Método tradicional

La forma en que comúnmente se ha realizado y se continúa realizando el arqueo de caja podría concretarse en los siguientes **pasos:**

1. Se comienza el día con una cantidad fija de dinero, que normalmente se cuenta y verifica al comenzar la actividad, o bien, está ya preparada en la caja.
2. En este método no hay gestión de cobros, por lo que cualquier pago por caja se efectúa con dinero externo.
3. Al concluir el día o el turno, se cuenta el dinero de la caja. Para ello, se resta el saldo inicial y el resultado debe coincidir con lo que el terminal indica que se ha vendido.

No obstante, este método presenta una serie de **ventajas e inconvenientes** que nunca debemos pasar por alto:

Ventajas	Inconvenientes
- Operación de cálculo simple: dinero de caja - saldo inicial = ventas. - Normalmente se lleva la misma cantidad de dinero al banco. - Máxima simplicidad en el proceso. - Cambio rápido de cajero en el mismo terminal.	- No permite la manipulación de la caja por diversas personas. - Cualquier vendedor que tenga acceso a la venta de caja puede efectuar un cuadre manual. - El descuadre de caja se descuenta del dinero al banco. - Si el descuadre se realiza contra el saldo inicial, puede quedarse sin dinero en caja para las operaciones.

8. Recomendaciones de seguridad e higiene postural en el TPV

👉 **HILO CONDUCTOR**

Tras salir del establecimiento en el que trabaja Natalia, un cliente le ha advertido de la presencia de un hombre sospechoso en las inmediaciones del local. Ante esto, Natalia ha llamado de inmediato a los agentes de seguridad, con objeto de evitar cualquier posible altercado que ponga en peligro la seguridad de los clientes y la suya propia.

- -

El uso del **Terminal de Punto de Venta** en el establecimiento comercial implica tener en cuenta una serie de consideraciones en **materia de seguridad e higiene,** no solo para velar por la seguridad del establecimiento, sino también a la hora de utilizar las cajas registradoras o cajas fuertes y con los empleados. Asimismo, es preciso saber aplicar las normas de higiene postural en el puesto de trabajo para evitar lesiones.

En el manejo del terminal de punto de venta es aconsejable tener precaución cuando se produzcan varias compras seguidas por parte del mismo cliente, ya que las compras indiscriminadas representan, en ocasiones, un elevado riesgo de fraude.

Sin embargo, no es recomendable fraccionar el importe de una venta en varias operaciones, probablemente haya un indicio de fraude. Y hay que solicitar siempre el DNI, pasaporte o residencia al cliente para asegurarse en todo momento de comprobar la identidad de la persona que está realizando la compra.

Por otra parte, los justificantes de venta, por lo general, han de conservarse durante 18 meses.

8.1. Recomendaciones de seguridad en el establecimiento, cajas registradoras y cajas fuertes

A continuación, verás algunas de las recomendaciones más habituales sobre la **seguridad en el establecimiento:**

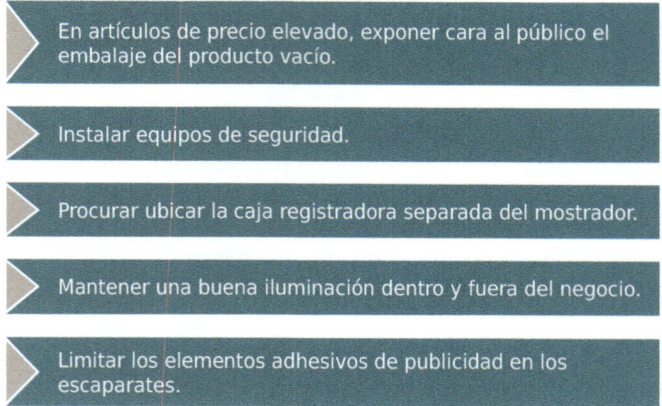

En artículos de precio elevado, exponer cara al público el embalaje del producto vacío.

Instalar equipos de seguridad.

Procurar ubicar la caja registradora separada del mostrador.

Mantener una buena iluminación dentro y fuera del negocio.

Limitar los elementos adhesivos de publicidad en los escaparates.

En cuanto a las recomendaciones de **seguridad en torno a las cajas registradoras y cajas fuertes** que deben tenerse en cuenta, destacan las siguientes:

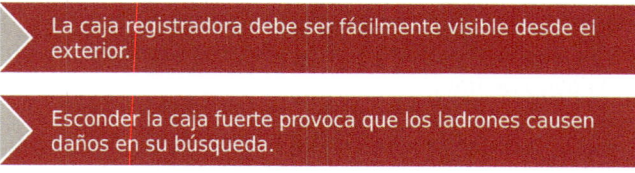

La caja registradora debe ser fácilmente visible desde el exterior.

Esconder la caja fuerte provoca que los ladrones causen daños en su búsqueda.

Continúa en página siguiente >>

<< Viene de página anterior

> Si ha de estar fija, empotrar la caja fuerte en el suelo.

> Reducir al mínimo la cantidad de dinero en metálico.

> Dirigir alguna de las cámaras de seguridad hacia la caja registradora.

8.2. Recomendaciones de seguridad en torno a los empleados

Respecto a las **recomendaciones de seguridad en relación a los empleados** que utilicen el TPV, debemos tener en cuenta una serie de indicaciones:

- Asegurarse de que los empleados están bien informados.
- Establecer protocolos de seguridad.
- Mantener informados a los empleados sobre las modalidades de hurto y novedades de seguridad.
- Cuando un empleado deje de estar en plantilla, modificar las contraseñas de seguridad de acceso al TPV.

8.3. Pautas de actuación ante el delito

En caso de encontrarnos ante una situación potencialmente peligrosa, es aconsejable seguir las siguientes recomendaciones:

- Observar signos de alertas en clientes sospechosos.
- No gritar y conservar la calma.
- Evitar acciones que desencadenen conductas violentas.
- En caso de disponer de un plan de emergencia, utilizarlo.
- Avisar a las autoridades.

La denuncia

Cuando se procede a la **presentación de una denuncia,** siempre debemos **colaborar con las autoridades,** con el fin de facilitarles toda la información posible relativa a la descripción de los delincuentes:

8.4. Higiene postural en el TPV

La higiene postural es un **conjunto de normas, consejos y actitudes posturales,** tanto estéticas como dinámicas, que están encaminadas a mantener una correcta alineación de todo el cuerpo, con el fin de evitar posibles lesiones, habitualmente de espalda.

Estas normas se emplean a la manera correcta e incorrecta de efectuar un esfuerzo y dependen específicamente de cada trabajo, pero en el caso de la espalda se pueden dividir en dos grandes grupos:

➲ Las que deben observar los trabajadores sentados continuamente.
➲ Las que afectan a los trabajadores que realizan grandes esfuerzos.

El objetivo de la higiene postural no es otro que tener en cuenta una serie consejos y actitudes para saber cómo proteger la espalda en el trabajo, evitando así que aparezcan las crisis de dolor y disminuyendo el riesgo de padecer lesiones degenerativas de la columna. Para ello, hay que tener en cuenta una serie de **aspectos básicos.**

Recomendaciones generales	Recomendaciones para actividades que se realizan a pie
- Descansar entre varias tareas. - Tener un espacio de trabajo adecuado. - Evitar estar demasiado tiempo en la misma postura. - Evitar mantener la espalda en posiciones forzadas.	- Caminar con una postura óptima y usar zapatos cómodos. - Mantener la espalda lo más recta posible, respetando las curvaturas fisiológicas. - Separar los pies para incrementar la base de sustentación al recoger algún objeto del suelo.

A continuación, se presentan una serie de recomendaciones para las actividades que se realizan sentado:

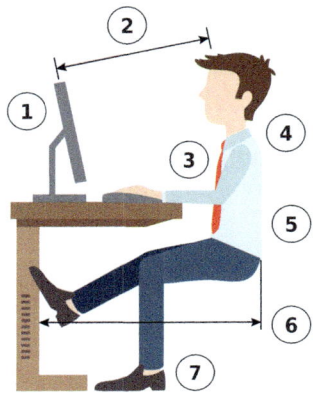

1. Pantalla frente a los ojos.
2. De 50 a 60 cm.
3. Mantener el cuerpo en un ángulo de 90°.
4. Hombros relajados. Evita la contracción de los trapecios y la mala estructura escapular.
5. Mantener la espalda pegada en el respaldo del asiento.
6. Ajustar la distancia entre la mesa y la silla.
7. Pies apoyados en el suelo o en un reposapiés.

Ejercicios básicos

Los aspectos y consejos a tener en cuenta sobre la higiene postural pueden complementarse con una serie de ejercicios básicos que ayudarán al trabajador o trabajadora a ganar flexibilidad, corrigiendo la estática defectuosa y eliminando las molestias.

Sin embargo, antes de explicar en qué consisten estos ejercicios, hay que tener en cuenta una serie de **consideraciones generales** sobre los mismos:

> Se adaptarán los ejercicios a cada persona y patología.

> Aumentarán las repeticiones y la resistencia de forma progresiva.

Continúa en página siguiente >>

<< Viene de página anterior

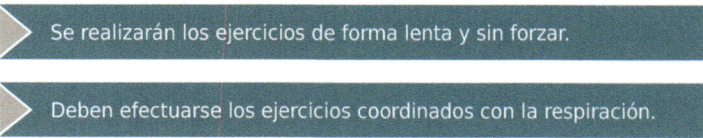

Se realizarán los ejercicios de forma lenta y sin forzar.

Deben efectuarse los ejercicios coordinados con la respiración.

A continuación, se presentan algunos ejemplos de **ejercicios recomendados** para cualquier persona que trabaje en el TPV de un establecimiento.

Cervicales

Los ejercicios recomendados para reforzar y prevenir molestias en la zona cervical son:

- **Flexión anterior:** dejar caer la cabeza lentamente hacia adelante hasta acercar la barbilla todo lo posible al pecho: 10 repeticiones.
- **Inclinación:** sin elevar el hombro contrario y mirando al frente, llevar la oreja al otro hombro: 5 repeticiones de cada lado.
- **Rotación:** mirando al frente, girar alternativamente la cabeza de derecha a izquierda: 10 repeticiones.
- **Rectificación:** intentar estirar, bajando los hombros: 5 repeticiones.
- **Isométricos:** sin moverse, mantener la contracción durante 5 segundos y descansar.
- **Mano en la frente:** apretar y descansar.
- **Mano en el lateral de la cara:** no permitir la rotación.

Dorsolumbar

Los ejercicios recomendados para reforzar y prevenir molestias en la zona dorsolumbar son:

- **En cuadrupedia:** elevar la extremidad superior derecha con la extremidad inferior izquierda y viceversa: mantener de 5 a 10 segundos y descansar.
- **En decúbito prono:** tendido boca abajo y con la cabeza de lado, realizar el ejercicio anterior.
- **Estiramiento axial:** pies separados, con los brazos arriba, intentar estirar.
- **Inclinación lateral:** adoptar la misma posición que en el ejercicio anterior y llevar los brazos hacia un lado.
- **Inclinación anterior:** adoptar la misma posición que en la inclinación lateral y llevar los brazos hacia delante.

Cérvicodorsales

Los ejercicios recomendados para reforzar y prevenir molestias en la zona cérvicodorsal son:

- **Elevación de hombros:** subir los hombros lentamente, mantener unos segundos y bajar.
- **Rotación de hombros:** realizar la rotación del hombro, levantando la mano hacia arriba.
- **Aproximación de omóplatos:** llevar los hombros hacia atrás, mantener unos segundos y descansar.

8.5. Riesgos asociados al uso de pantallas de visualización de datos del TPV

La prevención de los problemas derivados del trabajo con pantallas de visualización de datos requiere el acondicionamiento ergonómico de los elementos materiales del puesto: el terminal, propiamente dicho, el diseño físico del puesto, el medioambiente físico, el *software* y la organización del trabajo.

De ahí, la importancia de que los empleados que utilizan los TPV conozcan los riesgos asociados al uso de las pantallas de visualización.

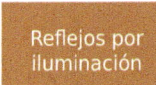 Reflejos por iluminación

 Fatiga visual

 Fatiga postural

 ACTIVIDAD COMPLEMENTARIA

7. Reflexiona sobre cómo pueden afectar los reflejos por iluminación en el manejo de un TPV, con el fin de determinar qué tipo de recomendaciones tiene que seguir un dependiente para evitar la fatiga visual y postural en las operaciones relacionadas con el manejo del equipo.

9. Resumen

El **Terminal Punto de Venta Virtual** es un producto dirigido a empresas y comercios, con tienda en internet, que permite el cobro de las ventas realizadas en la red cuando el pago de las mismas se realice con tarjeta. Dicho de otra forma, el TPV Virtual es la **solución específica para aquellos establecimientos que desean comercializar y cobrar sus productos** *online*.

Mediante este sistema, y con independencia de otras formas de pago complementarias, sus clientes podrán pagar a través de la tarjeta de crédito o débito el importe de las compras que efectúen en su página web en el momento de realizar el pedido.

El funcionamiento del TPV Virtual es similar al de los TPV localizados en las tiendas o establecimientos comerciales físicos. Cuando el cliente se conecta a la web o comercio virtual de una empresa y realiza una compra, el comercio le mostrará la información del pedido que ha realizado. De igual modo, a la hora de efectuar el pago, el cliente se conecta a una página segura donde se le solicita el número de su tarjeta de crédito o débito y la fecha de caducidad de la misma.

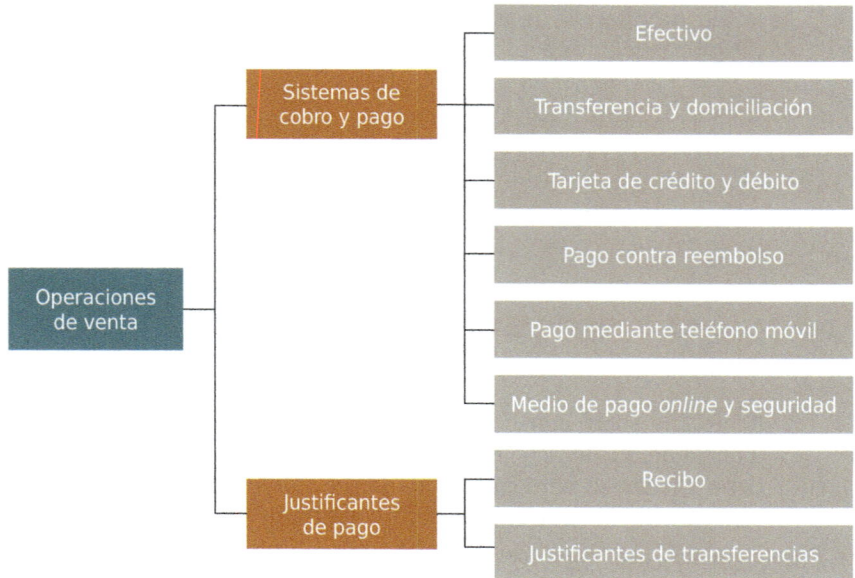

Una vez autorizada la transacción por la entidad emisora de la tarjeta, el TPV Virtual informa tanto al comprador como al comercio del resultado y devuelve el control a la tienda virtual. Si se autoriza, el comercio tramitará la compra, procediendo así al envío del producto adquirido por el comprador.

Asimismo, en el supuesto de devolución del género adquirido, el establecimiento debe realizar la operación a través del TPV, no pudiendo efectuar reembolsos de dinero en efectivo por devoluciones de mercancías abonadas con tarjeta, ya que será la empresa que presta el servicio la que cargue en la cuenta del establecimiento el importe bruto de la operación, cursando el abono en la del titular de la tarjeta por el mismo importe, todo ello cumpliendo con lo establecido en la denominada **Ley General para la Defensa de los Consumidores y Usuarios,** y otras leyes complementarias.

Ejercicios de autoevaluación
Unidad de Aprendizaje 2

1. Identifica si las siguientes afirmaciones son verdaderas o falsas.

   a. El pagaré es un documento escrito mediante el cual una persona se compromete a pagar a otra una determinada cantidad de dinero en una fecha previamente acordada.

   - Verdadero
   - Falso

   b. El banco siempre debe hacer efectivo un cheque a su entrega.

   - Verdadero
   - Falso

2. Relaciona cada tipo de cheque con sus características.

   a. Cheque conformado
   b. Cheque cruzado
   c. Cheque nominativo
   d. Cheque al portador

   __ El banco garantiza la autenticidad de la firma del librador y la existencia de fondos en la cuantía indicada en el cheque.
   __ Emitido a favor de una persona determinada, donde se identifica a la misma con su nombre y apellidos.
   __ Con este sistema, el cheque solo puede ser abonado mediante ingreso en la cuenta del beneficiario.
   __ No se designa persona alguna, por lo que cualquiera podrá proceder a su cobro.

3. Un cheque emitido en Francia y pagadero en España tendrá como plazo para su cobro...

   a. ... 15 días hábiles.
   b. ... 20 días hábiles.
   c. ... 15 días laborables.
   d. ... 20 días laborables.

4. ¿Cuáles son las figuras que intervienen en el pagaré?

    a. Librado
    b. Endosatario
    c. Beneficiario
    d. Avalista

5. Identifica si las siguientes afirmaciones son verdaderas o falsas.

    a. Cuando se utilizan las tarjetas de débito para retirar dinero o fraccionar pagos de productos, estas llevan aparejados unos intereses.

        ■ Verdadero
        ■ Falso

    b. En las tarjetas de crédito, el usuario puede pagar y retirar dinero, incluso, si su cuenta no tiene fondos, ya que prorroga el cobro hasta el siguiente mes.

        ■ Verdadero
        ■ Falso

6. ¿De cuántos días, por norma general, se dispone para ejercer el derecho de desistimiento de una compra que se ha realizado _online_?

    a. 3 días
    b. 7 días
    c. 14 días
    d. 30 días

7. Los pequeños dispositivos de pago que contienen una memoria electrónica y, en ocasiones, un circuito cerrado, se denominan...

    a. ... dinero electrónico.
    b. ... dinero digital.
    c. ... tarjeta monedero.
    d. ... tarjeta inteligente.

8. **¿Cuáles de los siguientes datos deben aparecer obligatoriamente en un recibo?**

    a. Número del recibo.
    b. Tipo de IVA.
    c. Recargo de equivalencia.
    d. Explicación del fundamento de pago.

9. **Identifica si las siguientes afirmaciones son verdaderas o falsas.**

    a. La factura es un documento que acredita la realización y el pago de una transacción comercial.

        ▪ Verdadero
        ▪ Falso

    b. Un recibo es un comprobante de pago que contiene datos de una compra efectuada, pudiendo justificar así que se ha producido una transacción.

        ▪ Verdadero
        ▪ Falso

10. **El resultado de multiplicar el precio unitario de cada artículo por el número de unidades vendidas y sumar el importe de cada artículo es...**

    a. ... el importe bruto.
    b. ... la cuota líquida.
    c. ... la cuota diferencial.
    d. ... la base imponible.

11. **¿Cuáles de los siguientes aspectos se consideran recomendaciones generales para mantener una buena higiene postural?**

    a. Realizar estiramientos completos cada dos horas.
    b. Tener un espacio de trabajo adecuado.
    c. Evitar estar demasiado tiempo en la misma postura.
    d. Realizar ejercicios a lo largo de la jornada laboral: rotación de cuello, movimiento de caderas, etc.

12. ¿A qué distancia deberá encontrarse la pantalla del usuario?

      a. A menos de 40 cm.
      b. Entre 40 y 50 cm.
      c. Entre 50 y 60 cm.
      d. A más de 65 cm.

Glosario

AECOC
Asociación Española de Codificación Comercial.

Arbitraje electrónico
Marco legal que garantiza la calidad de los certificados digitales y activa los trámites judiciales.

Arqueo de caja
Consiste en el análisis total y parcial de las transacciones de efectivo, durante un momento determinado, con la finalidad de comprobar si se ha contabilizado todo el efectivo recibido y, por tanto, el saldo que arroja esta cuenta corresponde con lo que se encuentra físicamente en caja en dinero efectivo, cheques o vales.

Banco
Entidad que realiza operaciones financieras con capital procedente de clientes o accionistas.

Base imponible
Importe de la factura una vez realizados los descuentos, sobre el que se calcula el IVA.

Báscula
Dispositivo que sirve para determinar el peso de los artículos.

Caja registradora
Es un aparato mecánico o electrónico que permite calcular y registrar operaciones comerciales, y que incluye un cajón para guardar dinero.

Carro de compra virtual
Es una página web que forma parte frecuentemente de las tiendas virtuales. Informa al comprador en cualquier momento de los productos que ha

decidido solicitar, de su precio y del importe total de la compra. El comprador puede modificar el contenido, aumentando o disminuyendo las cantidades y los productos que desea adquirir. Cuando el comprador ha decidido finalmente su compra, la misma página le permite iniciar, pulsando un botón, el procedimiento de pago.

Cheque electrónico
Es un documento vinculante, jurídicamente hablando, como promesa de pago. En la pantalla, se ve como un cheque papel y es rellenado de la misma manera. Incluye todos los detalles como fecha, nombre del beneficiario, cantidad, firma y promociones.

Cheque
Documento de título valor en el que la persona que es autorizada para extraer dinero de una cuenta (por ejemplo, el titular), extiende a otra persona una autorización para retirar una determinada cantidad de dinero de su cuenta, prescindiendo de la presencia del titular de la cuenta bancaria.

Código de barras
Serie de dígitos o caracteres que representan un producto en concreto.

Código Morse
Es un medio de comunicación basado en la transmisión y recepción de mensajes, empleando sonidos o rayos de luz y un alfabeto alfanumérico compuesto por puntos y rayas. Aunque este código surgió en el siglo XIX, su empleo es perfectamente utilizable hoy en día cuando la existencia de condiciones atmosféricas adversas no permiten el empleo de otros medios más desarrollados como, por ejemplo, la transmisión de la voz.

Comercio electrónico
También conocido como *e-commerce*, consiste en la compra y venta de productos o de servicios a través de medios electrónicos, tales como internet y otras redes informáticas.

CPU
Es el cerebro del ordenador. A veces, es referido simplemente como el procesador o procesador central; la CPU es donde se producen la mayoría de los cálculos.

Datáfono
Se trata de un dispositivo compacto instalado en una tienda o establecimiento comercial que permite cobrar a sus clientes normalmente por red telefónica a través de tarjeta de crédito o débito.

Débito
Forma de pago mediante una tarjeta bancaria que se encuentra vinculada a una cuenta corriente, de forma que cuando se realiza la compra, se efectúa un cargo en la cuenta corriente.

Dinero electrónico o dinero digital
Se refiere al dinero o vales (cheques) usados en transacciones de compra y venta que solo se utiliza a través de medios electrónicos.

Dispensadora
Se refiere a cada una de las cajas del TPV.

Domiciliación bancaria
Es un medio de pago que consiste en dar la orden a nuestro banco de que atienda de forma periódica, hasta nuevo aviso, todos los recibos que una empresa, administración o particular pase al cobro contra nuestra cuenta bancaria con la citada periodicidad.

EAN
Asociación Internacional de Codificación que surge para crear un sistema de codificación universal.

e-Commerce
También conocido como comercio electrónico, consiste en la compra y venta de productos o de servicios a través de medios electrónicos, tales como internet y otras redes informáticas.

Encriptación
Proceso para volver ilegible información que se considera importante. Una vez encriptada esta información, solo puede leerse aplicando una clave.

Escáner
Es un lector óptico que emite un haz de rayos de baja intensidad y que, por reflexión, es capaz de distinguir zonas claras de oscuras (las barras y los espacios).

Factura
Documento comercial en el que se recogen los detalles de una compraventa.

Facturación
Indica el volumen de ventas de un negocio. Se llama "facturación", porque las ventas de una empresa implican la realización y entrega de facturas a los clientes a quienes se ha vendido.

Fatiga postural
Cansancio provocado por el mantenimiento de una postura en un periodo prolongado de tiempo.

Fatiga visual
También se conoce como vista cansada; es la consecuencia de un esfuerzo visual.

Hacker
Experto que puede conseguir de un sistema informático cosas que sus creadores no imaginan. En la actualidad, el término se identifica con el de delincuente informático e incluye a los cibernautas que realizan operaciones delictivas a través de las redes de ordenadores existentes.

Higiene postural
Conjunto de normas, consejos y actitudes posturales, tanto estáticas como dinámicas, encaminadas a mantener una correcta alineación de todo el cuerpo, con el fin de evitar posibles lesiones.

Impresora de facturas
Imprime facturas para el cliente.

Impresora de *tickets*
Imprime simultáneamente un *ticket* para el cliente y la cinta de control diaria, en la que se registran las operaciones realizadas durante el día.

Justificantes de pago
Documentos en los que se recogen detalladamente las operaciones de compra que se realizan.

Justificantes de transferencias
Son documentos que se emiten al efectuar la transferencia bancaria, donde demuestra que esta se ha realizado adecuadamente.

Lector de banda magnética
Es un dispositivo capaz de trasladar la información contenida en la banda magnética de una tarjeta plástica (habitualmente, las tarjetas de crédito o débito de los bancos) para ejecutar una transacción bancaria en la venta o para identificar a una persona.

Lector óptico
Dispositivo electrónico capaz de leer información cifrada para trasladarla a la unidad central.

LOCM (Ley de Ordenación del Comercio Minorista)

Tiene como objeto principal establecer el régimen jurídico general del comercio minorista, así como regular determinadas ventas especiales y actividades de promoción comercial, sin perjuicio de las leyes dictadas por las comunidades autónomas en el ejercicio de sus competencias en la materia.

Merchandising

Campo del *marketing,* cuyo objetivo es aumentar la rentabilidad del punto de venta.

Mobipay

Es un sistema rápido al realizarse mediante soporte móvil. El comprador puede pagar con tarjeta de crédito, de débito o por cuenta bancaria. *Mobipay* es un sistema seguro, ya que no se envía en ningún momento al comercio la información financiera o de la tarjeta de crédito.

Monitor

Elemento del TPV en el que se representa visualmente la información.

Normas EAN

Reglamento que se debe cumplir para que el sistema EAN funcione correctamente.

Online (en línea)

Hace referencia a un estado de conectividad, frente al término 'fuera de línea' *(offline),* que indica un estado de desconexión.

Pagaré

Documento mercantil mediante el cual una persona se compromete a abonar una determinada cantidad de dinero a otra persona en una fecha acordada.

Pago contrareembolso

Es un medio de pago que se utiliza en las ventas a distancia (por internet, teléfono o catálogo). Se trata de abonar el coste del pedido *online* directamente a la persona que nos efectúe la entrega del mismo en nuestro domicilio (el transportista), en general, en efectivo (moneda y billetes).

Pantalla o visor electrónico del TPV

Este visor es una pantalla de visualización de datos en la que el cliente puede observar el resultado de la operación de venta u otra información agregada antes de imprimir el *ticket.*

PayPal

Es una empresa estadounidense, perteneciente al sector del comercio electrónico por internet que, permite la transferencia de dinero entre usuarios que tengan correo electrónico, una alternativa al tradicional al método en papel como los cheques o giros postales. *PayPal* también procesa peticiones de pago en comercio electrónico y otros servicios webs, por los que cobra un porcentaje. La mayor parte de su clientela proviene del sitio de subastas en línea eBay.

Promoción de ventas

Consiste en estimular la demanda de un producto o servicio a corto plazo mediante el uso de incentivos o premios que pueden ser económicos o materiales.

Punto de venta

Conjunto de accesorios y programas para ordenador que funcionan realizando operaciones que permiten imprimir un *ticket* y/o factura, y comprobar la realización de una venta. También posibilitan emitir informaciones relacionadas con la venta, así como llevar el control de inventarios y operaciones comerciales determinadas.

Razón social

Es el nombre o denominación de una sociedad mercantil, seguida de las siglas indicativas que le correspondan según la modalidad de sociedad (S. A., S. L., etc.), así como su domicilio social completo.

Recibo

Es el documento en el que el acreedor de una deuda reconoce expresamente haber recibido del deudor el importe de la deuda, ya sea a través de dinero o mediante otro sistema, a efectos del pago o cumplimiento de la obligación negociada.

Sistema EDI

Acrónimo del anglicismo *Electronic Data Interchange,* permite el intercambio de documentos entre los distintos sistemas informáticos de la empresa.

Stock

Anglicismo utilizado para designar cualquier artículo o género que tenga valor económico y se halle a la espera de ser vendido o utilizado en el proceso productivo. Sinónimo de existencia o inventario.

Tarjeta de crédito

Es una tarjeta de plástico con una banda magnética, un microchip y un número en relieve. Se utiliza para comprar aplazando o fraccionando los pagos, así como para conseguir dinero en efectivo a crédito. Por su utilización, normalmente se cobra una cuota anual.

Tarjeta de débito

Es utilizada en los cajeros automáticos para conseguir dinero en efectivo, con un límite diario, aunque también podemos usarla como medio de pago de productos o servicios en la mayoría de establecimientos. A diferencia de la tarjeta de crédito, su uso solo es posible si se dispone de efectivo en la cuenta a la que esté asociada la tarjeta.

Tarjeta monedero o monedero electrónico

Sistema de micropagos con multitud de propósitos más eficaz. Ha servido para aquellas transacciones de reducido montante económico y alto volumen que requieren gran velocidad y seguridad. El sistema ha permitido a los usuarios pagar con mayor rapidez que con efectivo y las transacciones se llevan en menos tiempo.

Tarjeta relacionista

Es una tarjeta que tiene un microcircuito que permite la existencia compartida de diversas aplicaciones en una sola tarjeta, es decir, que puede funcionar como tarjeta de crédito, tarjeta de débito, dinero electrónico, etc. Esta tarjeta presentará en un solo instrumento la relación global entre el cliente y su banco.

Tarjetas inteligentes o *smart cards*

Son pequeños dispositivos que contienen una memoria electrónica y, en ocasiones, un circuito cerrado. La información que se almacena en la misma es encriptada para evitar su lectura por personas no autorizadas. Para poder utilizarla se necesita una clave de acceso o PIN.

Ticket

Elemento que sirve como resguardo de la realización de una compra.

TPV (Terminal en el Punto de Venta)

Es un medio de cobro que permite a los establecimientos aceptar de sus clientes el pago sin dinero en efectivo. Los clientes efectúan el pago mediante una tarjeta de crédito o débito que está garantizada por una entidad financiera.

Transferencia bancaria

Se define como aquella operación por medio de la cual se efectúa un traspaso de fondos entre dos cuentas bancarias correspondientes a dos titulares distintos o al mismo titular.

Traspaso

Operación bancaria en la que, a diferencia de la transferencia, se traslada una cantidad de dinero de una cuenta a otra pero dentro de la misma entidad financiera.

Unidad central

Sistema que gestiona las funciones, almacena los datos y trata la información según los modos de gestión deseados.

UPC

Acrónimo del término *Universal Product Code,* sistema de codificación utilizado en Estados Unidos y Canadá.

Vale

Es un documento comercial para pagar un producto, ya sea bien o servicio. Puede representar el pago total o parcial (descuento inmediato en el momento de la compra por la cantidad que aparece en el vale). Lo más habitual es que los establecimientos comerciales proporcionen vales a sus clientes para fidelizarlos.

Visor operador

Interfaz que permite ver en tiempo real los datos que se van introduciendo para comprobar la exactitud de los registros.

Bibliografía

Monografías

→ AYENSA Esparza, A. M.: *Operaciones administrativas de compraventa.* Madrid: Editorial Paraninfo, 2016.

> Publicación en la que se abordan los procedimientos administrativos relacionados con la compraventa.

→ GARCÍA García, J. J. y CORNEJO Pablos, J. F.: *Los medios de pago.* Madrid: Fundación Confemetal, 2003.

> Manual en el que se identifican diferentes medios de pago y su idoneidad en función de los intereses del comerciante.

→ GONZÁLEZ Domínguez, R. y BASTOS Boubeta, A. I.: *Operativa de caja-terminal punto de venta: la realización de la gestión de la caja.* Vigo: Editorial Ideaspropias, S. L., 2006.

> Libro en el que se abordan aspectos relacionados con las instalaciones de caja, funcionamiento del TPV, medios de pago, la operativa en el manejo de la caja y el empaquetado de productos.

→ HERNÁNDEZ Bermejo, F. J.: *Análisis y gestión de los instrumentos de cobro y pago.* Antequera: IC Editorial, 2018.

> Libro de apoyo en el que se desgrana la normativa que afecta a los medios de cobro y pago y los libros de registro en profundidad. Muy aconsejable si se desean ampliar los conocimientos vistos en relación con los medios de pago.

→ HORTIGÜELA Valeande, M. A. y SÁNCHEZ Estrella, O.: *Análisis y gestión de los instrumentos de cobro y pago.* Sevilla: Ediciones Rodio, S. Coop. And., 2014.

> En este manual se analizan los instrumentos de cobro y pago más importantes, tanto en el comercio nacional como internacional. Además, se examinan las variables que intervienen en la realización del arqueo de caja.

→ LOPEZ Barra, S. y RUIZ Otero, E.: *Operaciones administrativas de compraventa.* Barcelona: EMC Graw Hill, 2014.

> Libro que recoge una relación de la documentación comercial que se utiliza en las operaciones mercantiles, así como sus formas de cumplimentación.

→ RODELLAR Lisa, A.: *Seguridad e Higiene en el Trabajo.* Barcelona: Marcombo, S. A., 2009.

> Guía en la que se recogen las técnicas que dictan cómo se deben realizar las diferentes actividades en la empresa para que se cumplan las normas de seguridad e higiene en el trabajo.

→ SEOANE Balado, E.: *La Nueva Era del Comercio/The New Era of Commerce: El Comercio Electrónico. Las TIC al Servicio de la Gestión Empresarial.* Vigo: Editorial Ideaspropias, S. L., 2005.

> Manual en el que se realiza un análisis exhaustivo sobre las ventajas, inconvenientes, requisitos técnicos, publicidad y medios de pago en el comercio electrónico.

Textos electrónicos, bases de datos y programas informáticos

→ Ministerio de Economía, Industria y Competitividad, ICE, de: <https://comercio.gob.es/es-es/publicaciones-estadisticas/paginas/revistasice.aspx>.

> Boletín económico que el Ministerio de Economía, Industria y Competitividad pone a disposición de sus suscriptores, en el que se analiza la información comercial española.

→ Enciclopedia y Biblioteca Virtual de las Ciencias Sociales, Económicas y Jurídicas, de: <http://www.eumed.net>.

> Sitio web en el que se puede encontrar material relacionado con las Ciencias Sociales, Derecho y Economía.

→ TPV Center, de: <https://www.tpvcenter.com>.

> Tienda virtual especializada en la venta de productos para TPV y de identificación automática de artículos.

→ Tienda TPV, de: <http://www.TPV.net>.

> Sitio web dedicado a la venta de TPV y *software* relacionado con TPV. Dispone de videos explicativos sobre el uso del TPV en diferentes tipos de establecimientos.

→ Tienda TPV, de: <http://www.posiflex.es>.

> Comercio dedicado a la venta de TPV, en el que se puede encontrar un apartado relacionado con las últimas noticias en este campo.